DK TRAVEL GUIDES

PORTUGUESE
PHRASE BOOK

A Dorling Kindersley Book

Dorling Kindersley

LONDON, NEW YORK, SYDNEY, DELHI, PARIS,
MUNICH and JOHANNESBURG

www.dk.com

Compiled by Lexus Ltd with Ana de Sá Hughes and Mike Harland
Printed and bound in Italy by Printer Trento Srl.

First published in Great Britain in 1997
by Dorling Kindersley Limited
9 Henrietta Street, London WC2E 8PS

Reprinted with corrections 2000
2 4 6 8 10 9 7 5 3 1

Dorling Kindersley books can be purchased in bulk quantities at
discounted prices for use in promotions or as premiums. We are
also able to offer special editions and personalized jackets, corporate
imprints, and excerpts from all of our books, tailored specifically to
meet your own needs. To find out more, please contact: Special Sales,
Dorling Kindersley Limited, 9 Henrietta Street, Covent Garden,
London WC2E 8PS; Tel. 020 7753 3572.

A CIP catalogue record is available from the British Library.

ISBN 0 7513 1077 8

Picture Credits

Jacket: all special photography Steve Gorton, Clive Streeter,
Linda Whitwam, Peter Wilson and Francesca Yorke.

CONTENTS

CONTENTS

PREFACE

This *Dorling Kindersley Travel Guides Phrase Book* has been compiled by experts to meet the general needs of tourists and business travellers. Arranged under the headings of Hotels, Driving and so forth, the ample selection of useful words and phrases is supported by a 2,000-line mini-dictionary. There is also an extensive menu guide listing approximately 550 dishes or methods of cooking and presentation. In addition, many Brazilian words and expressions are given, including a list of typical Brazilian dishes and specialities.

Typical replies to questions you may ask during your journey, and the signs or instructions you may see or hear, are shown in tinted boxes. In the main text, the pronunciation of Portuguese words and phrases is imitated in English sound syllables. The introductory section on pronunciation provides basic guidelines to Portuguese (and Brazilian Portuguese) pronunciation.

Dorling Kindersley Travel Guides are recognized as the world's best travel guides. Each title features specially commissioned colour photographs, cutaways of major buildings, 3-D aerial views and detailed maps, plus information on sights, events, hotels, restaurants, shopping and entertainment.

Dorling Kindersley Travel Guides titles include:
Portugal · Lisbon · Amsterdam · Australia · Sydney · Berlin
Budapest · California · Florida · Hawaii · New York
San Francisco & Northern California · Canada · France · Loire Valley
Paris · Provence · Great Britain · London · Ireland · Dublin
Scotland · Greece: Athens & the Mainland · The Greek Islands
Istanbul · Italy · Florence & Tuscany · Milan & the Lakes
Naples · Rome · Sardinia · Sicily · Venice & the Veneto
Jerusalem & the Holy Land · Mexico · Moscow · St Petersburg
Prague · South Africa · Spain · Barcelona · Madrid
Seville & Andalusia · Thailand · Vienna · Warsaw

PRONUNCIATION

When reading the imitated pronunciation, stress the part that is underlined. Pronounce each syllable as if it formed part of an English word, and you will be understood sufficiently well. Avoid pauses between the syllables. The Portuguese tend to link the sound of a terminal vowel with the beginning of the next word. They have a 'soft' pronunciation and will often swallow word endings. Given this complex sound structure it is not always easy to transcribe Portuguese in terms of English spelling. Remember the points below, and your pronunciation will be even closer to the correct Portuguese.

j   As in *ajoodghr* (for **ajudar**): this should be sounded as you would in the s in 'pleasure', soft not hard.

ng   As in *nowng* (for **não**): it represents the nasal sound made when the vowels a, e, i, o or u precede m or n, and the nasal diphthongs ão, ãe, ãi, and õe. If you are familiar with the French pronunciation of words like 'monter' and 'environ', then the Portuguese nasal sound should be no problem to you. Don't give the g of *ng* its full (hard) value as in 'sing' – treat the letter combination as a symbol of the nasal sound.

r   As in *rakettuh* (for **raqueta**): the initial r of a word should be rolled and aspirated, to create a 'hrr' sound from the back of the throat.

u   As in *kah-zuh duh bahn-yoo* (for **casa de banho**): this is a dull u sound, as in the o in 'mother'.

Brazilian Portuguese

For Brazilian Portuguese, word endings are not swallowed as in Portuguese, and vowel sounds are clearly pronounced. The ão sound is heavily nasalised as in Portugal. The letter r at the beginning of a word is pronounced as an h so Rio (as in Rio de Janeiro) actually sounds like hee-oo. A double r, in the middle of a word, also sounds like the English h. The s as in cortes is more like a z, whereas in Portuguese it is like the English sh.

Where the Portuguese word differs from the Brazilian, the Brazilian equivalent has been given next to it, as in the following example (levantar is the Portuguese and tirar the Brazilian equivalent);

Posso levantar/tirar (Braz) dinheiro com este cartão de crédito?

Where the whole sentence (or most of the sentence) is different, the Brazilian equivalent will be repeated on a separate line and have (Braz) preceding it:

Desculpe, enganei-me no número
dushkoolp, enganay-muh noo noomeroo

(Braz) Desculpe, foi engano
dushkoolp, foy en-gah-noh

In Things You'll See or Hear, the whole Brazilian phrase has been given afterward:

casa de banho/banheiro (Braz)	bathroom
não fumadores/não fumantes (Braz)	non-smokers

USEFUL EVERYDAY PHRASES

Yes/No
Sim/Não
seeng/nowng

Thank you
Obrigado *(said by a man)*
obreegah-doo

Obrigada *(said by a woman)*
obreegah-duh

No, thank you
Não obrigado *(said by a man)*
nowng obreegah-doo

Não obrigada *(said by a woman)*
nowng obreegah-duh

Please
Por favor
poor fuh-vor

I don't understand
Não compreendo/entendo *(Braz)*
nowng kompree-endoo/ain-taing-doh

Do you speak English/French/Spanish?
Fala inglês/francês/espanhol?
fah-luh eenglesh/fransesh/shpan-yoll

I can't speak Portuguese
Eu não falo português
eh-oo nowng fah-loo poortoo-gesh

Please speak more slowly
Por favor, fale mais devagar
poor fuh-vor, fahl mysh duvagahr

Please write it down for me
Não se importa de me escrever isso?
nowng see eemportuh duh mushkrevair eessoo

Good morning
Bom dia
bong dee-uh

Good afternoon
Boa tarde
boh-uh tard

Good night
Boa noite
boh-uh noyt

Goodbye
Adeus/Até logo (*Braz*)
adeh-oosh/ahteh loh-guh

How are you?
Como está?/Como vai? (*Braz*)
koh-moo shta/koh-moo vaee

Excuse me, please
Se faz favor/Com licença (*Braz*)
suh fash fuh-vor/kong lee-saing-sah

Sorry!
Desculpe!
Dushkoolp

I'm really sorry
Tenho muita pena/Sinto muito *(Braz)*
tenyo mweentuh peh-nuh/seento mweentoo

Can you help me?
Pode-me ajudar?
pod-muh ajoodar

Can you tell me …?
Pode-me dizer …?
pod-muh deezair

Can I have …?
Dá-me …?/Me dá …? *(Braz)*
da-muh/meh dah

I would like …
Queria …/Gostaria … *(Braz)*
kree-uh/gos-tah-ree-uh

Is there … here?
Há … aqui?
ah … akee

Where is the toilet?
Onde é a casa de banho?
ondeh uh kah-zuh duh bahn-yoo

(Braz) Onde é o banheiro
ong-deh er oh bang-eh-roh

Is there a highchair/cot/baby changing room?
Há uma cadeira alta/um berço/um vestiário para bébés?
ah oomah kah-day-ruh al-tuh/oom behr-su/oom vesh-tee-aree-oo
  pahr-uh beh-besh

Where can I get …?
Onde posso arranjar …?
onduh possoo arranjahr

How much is it?
Quanto custa?
kwantoo kooshtuh

Do you take credit cards?
Aceitam cartões de crédito?
assay-towng kartoyngsh duh kredditoo

Can I pay by cheque?
Posso pagar com cheque?
possoo pagahr kong shek

What time is it?
Que horas são?
kee orush sowng

I must go now
Tenho que me ir embora
tenyo kuh muh eer emboruh

(Braz) Tenho que ir embora
teng-ho keh eer eng-boh-rah

Cheers! *(toast)*
Saúde!
sa-ood

Go away!
Vá-se/Vai *(Braz)* embora!
vassuh/vaee emboruh

Where is the British/US embassy?
Onde é que fica a embaixada Britânica/dos Estados Unidos?
*onduh eh kee fee-kah ah embaay-shah-dah bree-tan-ee-kah/doosh
   shtah-doosh oonee-doosh*

Is there wheelchair access?
Têm acesso para cadeiras de rodas?
tay-ayng asseh-soo pahr-uh kah-day-rash deh ro-dash

Are there facilities for the disabled?
Há facilidades para deficiêntes?
ah fa-see-lee-dahdesh pahr-uh defee-see-eng-tesh

Are guide dogs allowed?
Permitem cães de guia?
per-mee-tang kaingsh deh guahr-duh

THINGS YOU'LL SEE OR HEAR

aberto	open
água potável	drinking water
aluga-se	for rent
caixa	till
casa de banho/ banheiros (*Braz*)	toilet
com licença	excuse me
como está/vai? (*Braz*)	how are you
de nada	don't mention it
desculpe	sorry
é/por (*Braz*) **favor fechar a porta**	please close the door
elevador	lift
empurre	push
encerrado	closed
entrada	entrance

→

entrada livre/franca (*Braz*)	admission free
fechado	closed
fechado para férias	closed for holiday period
fechado para obras	closed for repairs
homens	men
horário de abertura	opening times
horas de visita	visiting hours
lavabos	toilet
muito prazer!	pleased to meet you!
não	no
não falo inglês	I don't speak English
não faz mal	never mind
não fumar	no smoking
obrigado	thank you
ocupado	engaged
perdão	sorry
perigo de morte	danger
pintado de fresco/ tinta fresca (*Braz*)	wet paint
privado	private
proibida a entrada	no admittance
puxe	pull
reservado	reserved
saída	exit
saída de emergência	emergency exit
saldos	sale
sanitários/WC	toilet
senhoras	women
sim	yes
um momento, por favor	one moment, please
vende-se	for sale

DAYS, MONTHS, SEASONS

Sunday	Domingo	*doomeengo*
Monday	Segunda-feira	*segoonduh fay-ruh*
Tuesday	Terça-feira	*tairsuh fay-ruh*
Wednesday	Quarta-feira	*kwartuh fay-ruh*
Thursday	Quinta-feira	*keentuh fay-ruh*
Friday	Sexta-feira	*sayshtuh fay-ruh*
Saturday	Sábado	*sabadoo*

January	Janeiro	*janay-roo*
February	Fevereiro	*fuvray-roo*
March	Março	*marsoo*
April	Abril	*abreel*
May	Maio	*my-oo*
June	Junho	*joon-yoo*
July	Julho	*jool-yoo*
August	Agosto	*agoshtoo*
September	Setembro	*setembroo*
October	Outubro	*oh-toobroo*
November	Novembro	*noovembroo*
December	Dezembro	*dezembroo*

Spring	Primavera	*preema-vairuh*
Summer	Verão	*verowng*
Autumn	Outono	*otoh-noo*
Winter	Inverno	*eemvairnoo*

Christmas	Natal	*natahl*
Christmas Eve	Véspera de Natal	*veshpurruh duh natahl*
Good Friday	Sexta-feira Santa	*seshtuh fay-ruh santuh*
Easter	Páscoa,	*pahsh-kwuh-wuh,*
	Semana Santa	*seman-uh santuh*
New Year	Ano Novo	*ah-noo noh-voo*
New Year's Eve	Véspera de Ano	*veshpuh-ruh dah-noo*
	Novo	*noh-voo*

NUMBERS

0 zero _zairoo_
1 um _oom_
2 dois _doysh_
3 três _tresh_
4 quatro _kwatroo_

5 cinco _seeng-koo_
6 seis _saysh_
7 sete _set_
8 oito _oytoo_
9 nove _nov_

10 dez _desh_
11 onze _onz_
12 doze _doze_
13 treze _trez_
14 catorze/quatorze (Braz) _katorz/katorzeh_
15 quinze _keenz_
16 dezasseis/dezesseis (Braz) _dezassaysh/dez-eh-seh-is_
17 dezassete/dezesete (Braz) _dezaset/dez-eh-setee_
18 dezoito _dezoytoo_
19 dezanove/dezenove (Braz) _dezanov/dez-eh-noh-vee_
20 vinte _veent_
21 vinte e um _veent ee oom_
22 vinte e dois _veent ee doysh_
30 trinta _treentuh_
31 trinta e um _treentuh ee oom_
32 trinta e dois _treentuh ee doysh_
40 quarenta _kwarentuh_
50 cinquenta _seeng-kwentuh_
60 sessenta _sessentuh_
70 setenta _setentuh_
80 oitenta _oytentuh_
90 noventa _nooventuh_
100 cem _sayng_
110 cento e dez _sentoo ee desh_
200 duzentos _doozentoosh_
1000 mil _meel_
1,000,000 um milhão _oom meel-yowng_

TIME

today	hoje	*oje*
yesterday	ontem	*ontayng*
tomorrow	amanhã	*amanyang*
the day before yesterday	anteontem	*antee-ontayng*
the day after tomorrow	depois de amanhã	*depoysh damanyang*
this week	esta semana	*eshtuh semah-nuh*
last week	a semana passada	*uh semah-nuh passah-duh*
next week	a semana que vem	*uh semah-nuh kuh vayng*
this morning	esta manhã/ hoje de manhã (*Braz*)	*eshtuh manyang/ hoe-gee deh manyang*
this afternoon	esta tarde/ hoje à tarde (*Braz*)	*eshtuh tard/ hoe-gee ah tard*
this evening	esta noite/ hoje de noite (*Braz*)	*eshtuh noyt/ hoe-gee deh noyt*
tonight	esta noite	*eshtuh noyt*
yesterday afternoon	ontem à tarde	*ontayng ah tard*
tomorrow morning	amanhã de manhã	*amanyang duh manyang*
tomorrow night	amanhã à noite	*amanyang ah noyt*
in three days	dentro de três dias/ em três dias (*Braz*)	*dentroo duh tresh dee-ush ehm tresh dee-ush*
three days ago	há três dias	*ah tresh dee-ush*
late	tarde	*tard*
early	cedo	*seh-doo*
soon	em breve	*ayng brev*
later on	mais tarde	*mysh tard*
at the moment	neste momento	*nesht moomentoo*
second	segundo	*segoondoo*

16

minute	minuto	*meen<u>oo</u>too*
ten minutes	dez minutos	*desh meen<u>oo</u>toosh*
quarter of an hour	um quarto de hora/ quinze minutos *(Braz)*	*oom kw<u>a</u>rtoo d<u>o</u>ruh/ king-zeh mee-<u>noo</u>-toes*
half an hour	meia hora	*may-yuh <u>o</u>ruh*
three quarters of an hour	três quartos de hora/ quarenta e cinco minutos *(Braz)*	*tresh kw<u>a</u>rtoosh d<u>o</u>ruh/ cua-<u>raing</u>-tah eh <u>seen</u>-kow mee-noo-toes*
hour	a hora	*<u>o</u>ruh*
day	o dia	*d<u>ee</u>-uh*
week	a semana	*sem<u>ah</u>-nuh*
fortnight	a quinzena	*keenz<u>a</u>ynuh*
month	o mês	*mesh*
year	o ano	*<u>ah</u>-noo*

TELLING THE TIME

In Portuguese you always put the hour first when talking about minutes past the hour. Use the word **e** for 'past' (eg 3.20 = **três e vinte** or 'three and twenty'). For minutes to the hour the minutes come first. Use the word **para** for 'to' (eg 6.40 = **vinte para as sete** or 'twenty to seven'). The 24-hour clock is used officially in timetables and enquiry offices.

In Brazilian Portuguese you never use the word 'quarter' when telling the time, instead you say fifteen to the hour or fifteen past the hour (eg 2.15 = **duas e quinze** and 2.45 = **quinze para as três**).

one o'clock	uma hora	*<u>oo</u>muh <u>o</u>ruh*
ten past one	uma e dez	*<u>oo</u>muh ee desh*
quarter past one	uma e um quarto/ uma e quinze *(Braz)*	*<u>oo</u>muh ee oom kw<u>a</u>rtoo/oomah eh <u>king</u>-zeh*
twenty past one	uma e vinte	*<u>oo</u>muh ee veent*
half past one	uma e meia	*<u>oo</u>muh ee m<u>a</u>y-yuh*
twenty to two	vinte para as duas	*veent prash d<u>oo</u>-ush*

quarter to two	um quarto para as duas/quinze para as duas (Braz)	*oom kwartoo prash doo-ush/king-seh pah-rah as doo-as*
ten to two	dez para as duas	*desh prash doo-ush*
two o'clock	duas horas	*doo-uz orush*
13.00 (1 pm)	treze horas	*trezee orush*
16.30 (4.30 pm)	dezasseis e trinta/ dezesseis e trinta (Braz)	*dezassayz ee treentuh/ dez-eh-seh-is ee treentuh*
20.10 (8.10 pm)	vinte e dez	*veent ee desh*
at half past five	às cinco e meia	*ash seeng-koo ee may-yuh*
at seven o'clock	às sete horas	*ash set orush*
noon	meio-dia	*may-yoo-dee-uh*
midnight	meia-noite	*may-yuh-noyt*

HOTELS

Portuguese hotels are classified one-star to five-star, in addition to which there are the following types of accommodation:

Estalagem: Luxury inn
Pousada: State-run inn, in a scenically beautiful area and often a building of historic interest
Residência: Boarding house
Pensão Reasonably priced accommodation, usually a small, family-run concern

USEFUL WORDS AND PHRASES

balcony	a varanda	varanduh
bathroom	a casa de banho/	kah-zuh duh bahn-yoo/
	o banheiro (Braz)	bang-eh-roh
bed	a cama	kah-muh
bedroom	o quarto	kwartoo
bill	a conta	kontuh
breakfast	o pequeno almoço/	pekeh-noo almoh-soo/
	o café da manhã (Braz)	café dah mang-nya
dining room	a sala de jantar	sah-lah duh jantahr
dinner	o jantar	jantahr
double room	o quarto de casal	kwartoo duh kazal
foyer	o foyer/o salaõ (Braz)	fwy-ay/sahlang
full board	pensão completa	payng-sowng komplettuh
half board	meia-pensão	may-yuh payng-sowng
hotel	o hotel	oh-tell
key	a chave	shahv
lift	o ascensor/	ash-sayng-sor/
	o elevador (Braz)	eh-lev-ah-door
lounge	a sala	sah-luh
lunch	o almoço	almoh-soo
manager	o gerente	jerrent
reception	a recepção	russepsowng

receptionist	o recepcionista	*russepss-yooneeshtuh*
restaurant	o restaurante	*rushtoh-rant*
room	o quarto	*kwartoo*
room service	o serviço de quartos	*sur-veeso duh kwartoosh*
shower	o duche/o chuveiro (*Braz*)	*doo-sh sho-veh-roh*
single room	o quarto individual/	*kwartoo eendeeveedwal/*
	de solteiro (*Braz*)	*duh sol-teh-roh*
toilet	a casa de banho/	*kah-zuh duh bahn-yoo/*
	banheiro (*Braz*)	*bah-nhei-roh*
twin room	o quarto com duas	*kwartoo kong doo-ush*
	camas	*kah-mush*

Have you any vacancies?
Têm vagas?
tay-ayng vah-gush

I have a reservation
Eu fiz uma reserva
eh-oo feez ooma rezairvuh

I'd like a single/double room
Queria um quarto individual/de casal
kree-uh oom kwartoo eendeeveedwal/duh kazal

(*Braz*) Queria um quarto de solteiro/de casal
kree-uh oom kwartoo dee sol-teh-roh/duh kazal

I'd like a twin room
Queria um quarto com duas camas
kree-uh oom kwartoo kong doo-ush kah-mush

I'd like a room with a bathroom/balcony
Queria um quarto com casa de banho/com varanda
kree-uh oom kwartoo kong kah-zuh duh banhyoo/kong varanduh

(*Braz*) Queria um quarto com o banheiro/com varanda
kree-uh oom kwartoo kong oh bang-eh-roh/kong varanduh

I'd like a room for one night/three nights
Queria um quarto só por uma noite/três noites
kree-uh oom kwartoo soh poor oomuh noyt/poor tresh noytsh

Is there satellite/cable TV in the rooms?
Os quartos têm tv via satélite/tv por cabo?
osh kwartoosh tay-ayng teh-vea vee-uh sateh-lee-tuh/teh-vee poor ka-bu

What is the charge per night?
Qual é o preço por noite?
kwal eh oo preh-soo poor noyt

I don't know yet how long I'll stay
Ainda não sei quanto tempo vou ficar
ah-eenduh nowng say kwantoo tempoo voh feekahr

When is breakfast/dinner?
A que horas é o pequeno almoço/o jantar?
uh kee oruz eh oo pekeh-noo almoh-soo/oo jantahr

(Braz) A que horas é o café da manhã/o jantar?
uh kee oruz eh oo café deh mang-nya/oo jantahr

Would you have my luggage brought up, please?
Pode-me/Poderia (Braz) levar a bagagem, por favor?
pod-muh/poh-deh-ree-ah luhvahr uh bagah-jayng, poor fuh-vor

Please call me at … o'clock
Chame-me às … horas, por favor
shamu-muh ash … orush, poor fuh-vor

Can I have breakfast in my room?
Posso tomar o pequeno almoço no quarto?
possoo toomahr oo pekeh-noo almoh-soo/noo kwartoo

(Braz) Posso tomar o café da manhã no quarto?
possoo toomahr oo café deh mang-nya noo kwartoo

21

I'll be back at … o'clock
Volto às … horas
voltoo ash … orush

Can you recommend another hotel?
Pode-me recomendar/Poderia sugerir *(Braz)* outro hotel?
pod-muh rekoomendahr/poh-deh-re-ah soojehreer oh-troo oh-tell

My room number is …
O número do meu quarto é o …
oo noomeh-roo doo meh-oo kwartoo eh oo

I'm leaving tomorrow
Vou-me embora amanhã
voh-muh emboruh amanyang

Can I have the bill, please?
A conta, por favor
uh kontuh, poor fuh-vor

Can you get me a taxi?
Pode-me chamar um taxi?
pod-muh shamahr oom taksee

THINGS YOU'LL SEE

água fria	cold water
água quente	hot water
almoço	lunch
banheira	bathtub
casa de banho/	bathroom, toilet
banheiro *(Braz)*	
chuveiro	shower
conta	bill

→

dormida e pequeno almoço/	bed and breakfast
quarto e café da manhã (*Braz*)	
elevador	lift
jantar	dinner
meia-pensão	half board
pensão completa	full board
pequeno almoço/	breakfast
café da manhã (*Braz*)	
quarto com duas camas	twin room
quarto de casal	double room
quarto individual/	single room
quarto de solteiro (*Braz*)	
recepção	reception
rés-do-chão/térreo (*Braz*)	ground floor
reserva	reservation
restaurante	restaurant
saída de emergência	emergency exit
telefone	telephone
telefonista	switchboard operator

THINGS YOU'LL HEAR

Tenho muita pena, mas estamos cheios
(*Braz*) Sinto muito, mas estamos cheios
I'm very sorry, but we're full

Não temos quartos individuais
(*Braz*) Não temos quarto de solteiros
There are no single rooms left

Não há vagas
No vacancies

É/Por (*Braz*) favor pagar adiantado
Please pay in advance

CAMPING AND CARAVANNING

Portugal has campsites all along its coastline and especially near the most popular resorts. Sites can also be found inland. It is advisable to have an International Campers' Card, available from motoring organisations and the Camping and Caravanning Club in Great Britain. Many sites require that such a card be shown, especially in the high season.

Youth hostels are open to members of the YHA, but in the high season it is best to book in advance.

In contrast to Portugal, camping isn't widespread in Brazil, and there are very few organized campsites with facilities.

USEFUL WORDS AND PHRASES

bucket	o balde	*balduh*
campfire	a fogueira	*foogay-ruh*
go camping	ir acampar	*eer akampahr*
campsite	o parque de campismo	*park duh kampeej-moo*
caravan	a rulote/ o trailer (Braz)	*roo-loh-chay/ tray-ler*
caravan site	o parque de caravanas	*park duh kah-rah-vahnash*
cooking utensils	os utensílios de cozinha	*ootenseel-yoosh duh koozeennyuh*
drinking water	a água potável	*ahg-wuh pootah-vell*
groundsheet	a lona impermeável	*lonnuh eempermee-ah-vell*
hitchhike	pedir boleia/ pedir carona (Braz)	*pedeer boolayyuh/ peh-deer ka-roh-nah*
rope	corda	*korduh*
rubbish	o lixo	*leeshoo*
rucksack	a mochila	*moosheeluh*
saucepans	as panelas	*pah-neh-lush*
sleeping bag	o saco de dormir	*sah-koo duh doormeer*

tent	a tenda de campismo/	*teng-dah deh kang-*
	a barraca (Braz)	*peesh-moo/ba-hak-er*
trailer	o reboque	*rehbok*
youth hostel	o albergue da/de	*albairg duh/deh*
	(Braz) juventude	*jooventood*

Can I camp here?
Posso acampar aqui?
possoo akampahr akee

Can we park the caravan here?
Podemos estacionar a rulote/o trailer (Braz) aqui?
poodeh-moosh shtass-yoonahr ah roo-loh-chay/oh tray-ler akee

Where is the nearest campsite/caravan site?
Onde fica o parque de campismo mais próximo?
onduh feekuh oo park duh kampeej-moo mysh prossimoo

What is the charge per night?
Qual é o preço por noite?
kwal eh oo preh-soo poor noyt

Can I light a fire here?
Posso acender uma fogueira aqui?
possoo assendair oomuh foogay-ruh akee

Where can I get …?
Onde posso arranjar …?
onduh possoo arranjahr

Is there drinking water here?
Há água potável aqui?
ah ahg-wuh pootah-vell akee

25

THINGS YOU'LL SEE OR HEAR

acampar	to camp
água potável	drinking water
albergue da/de (*Braz*) juventude	youth hostel
barraca (*Braz*)	tent
cartão	pass, identity card
casa de banho/ banheiro (*Braz*)	toilet
chuveiro	shower
cobertor	blanket
cozinha	kitchen
duche	shower
emprestar	lend
fogueira	fire
luz	light
manta	blanket
parque de campismo	campsite
pedir emprestado	borrow
proibido acampar	no camping
proibido fazer lume/ proibido fazer fogueira (*Braz*)	do not light fires
reboque	trailer
rulote/trailer (*Braz*)	caravan
saco de dormir	sleeping bag
tarifa	charges
tenda de campismo	tent
uso	use

DRIVING

Portugal has a rapidly expanding motorway network with substantial stretches heading northwards and southwards from Lisbon. All motorways charge a toll. If you don't use the motorways, it is advisable to use an EN (**Estrada Nacional**), as the secondary roads can be in poor repair.

By European and American standards, Brazilian roads are not very well maintained. Some roads have recently been privatized and tolls are now levied.

In Portugal, the rules of the road are: drive on the right, overtake on the left. There are no priority signs such as there are in France, since all secondary roads give way to major routes at junctions and crossroads. In the case of roads having equal status, or at unmarked junctions, traffic coming from the RIGHT has priority.

The speed limit on motorways is 120 km/h (75 mph), and on other highways 90 km/h (56 mph); otherwise keep to the speed shown. In built-up areas the limit is 60 km/h (37 mph). You can be fined on the spot if you break the speed limit. Equipment to be carried at all times includes a spare tyre and a red triangle in case of breakdown or accident. Seat belts are compulsory. It is also compulsory to carry your driving licence, insurance documents and passport at all times.

Petrol stations on highways are usually open 24 hours a day, but elsewhere they close late at night. Fuel ratings are as follows: four-star = **super**, diesel fuel = **gasóleo**, unleaded = **sem chumbo**, leaded = **com chumbo**.

Many Brazilian cars run on **álcool**. Outside main cities, petrol stations are few and far between, so fill up before you leave. Be prepared to pay in cash, since many petrol stations don't take credit cards.

Some Common Road Signs

aeroporto	airport
apagar os máximos/ apagar os faróis (*Braz*)	headlights off
atenção ao comboio/ atenção ao trem (*Braz*)	beware of the trains
bomba/posta (*Braz*) de gasolina	filling station
bus/via da ônibus (*Braz*)	bus lane
centro (da cidade)	town centre
circule pela direita/esquerda	keep right/left
cruzamento	crossroads
cruzamento perigoso	dangerous junction
dar prioridade	give way
desvio	diversion
escola	school
estação de serviço	service station
estacionamento proibido	no parking
fim de autoestrada/ fim de rodovia (*Braz*)	end of motorway
garagem	garage
luzes de trânsito	traffic lights
norte	north
obras	roadworks
páre, olhe e escute	stop, look and listen
parque de estacionamento/ estacionamento (*Braz*)	car park
passagem de nível	level crossing
passagem subterrânea	pedestrian underpass
peões/pedestre (*Braz*)	pedestrians
perigo	danger
portagem/pedágio (*Braz*)	toll
proibida a inversão de marcha	no U-turns
proibido ultrapassar	no overtaking
rua sem saída	cul-de-sac, dead end
semáforos	traffic lights

→

sentido proibido	no entry	
sentido único	one-way street	
sinal (Braz)	traffic lights	
vedado ao trânsito	road closed	
veículos pesados	heavy vehicles	
limite de velocidade	speed limit	
zona azul	restricted parking zone	

USEFUL WORDS AND PHRASES

boot	o porta-bagagem/	portuh-bagah-jayng/
	a mala (Braz)	mah-lah
brake	o travão/o freio (Braz)	travowng/freh-oh
breakdown	a avaria/	avaree-uh/
	enguiçar (Braz)	en-gee-sah
car	o carro	karroo
caravan	a rulote/o trailer (Braz)	roo-loh-chay/tray-ler
crossroads	o cruzamento	kroozamentoo
drive (verb)	conduzir/	kondoozeer/
	dirigir (Braz)	dee-ray-sheer
engine	o motor	mootor
exhaust	o tubo de escape/	tooboo dushkap/
	o cano de descarga (Braz)	ka-noh deh des kah-gah
fanbelt	a correia da ventoínha/	kooreyyuh da ventoo-eenyuh/
	a correia do ventilador (Braz)	kor-haya doh vent-eh-lah-door
garage	a oficina	oh-feesseenuh
gear	a mudança/	moodansuh/
	a marcha (Braz)	mah-shah
gears	as mudanças/	moodansush/
	as marchas (Braz)	mah-shahsh
junction (on motorway)	o ramal da autoestrada/	ramal duh owtoo-shtrah-duh/
	o trevo (Braz)	treh-voh

licence	a carta de condução/	*kartuh duh kondoosowng/*
	a carteira de motorista (*Braz*)	*car-tay-rah deh mow-toe-rista*
lights (*head*)	os faróis máximos	*faroysh masseemoosh*
(*rear*)	as luzes de trás	*loozush duh trash*
lorry	o camião/	*kam-yowng/*
	o caminhão (*Braz*)	*ka-mee-nowng*
mirror	o espelho retrovisor	*shpell-yoo retroo-veezor*
motorbike	a motocicleta	*motoo-see-klettuh*
motorway	a autoestrada/	*owtoo-shtrahduh/*
	a rodovia (*Braz*)	*hoad-oh-veah*
number plate	a matrícula	*matree-kooluh*
petrol	a gasolina	*gazooleenuh*
petrol station	a bomba da gasolina	*bombuh duh gazooleenuh*
road	a estrada	*shtrah-duh*
skid (*verb*)	patinar/derrapar (*Braz*)	*patee-nahr/dey-hap-ah*
spares	as peças sobresselentes/	*pessush sobruhselentsh/*
	as peças sobressalentes (*Braz*)	*pessush soh-brey-sah-len-cheese*
speed	a velocidade	*veloossee-dahd*
speed limit	o limite de velocidade	*leemeet duh veloossee-dahd*
speedometer	o conta-quilómetros/	*kontuh-keelommetroosh/*
	o velocímetro (*Braz*)	*veh-loss-eh-men-toh*
steering wheel	o volante	*voolant*
tow (*verb*)	rebocar	*rebookahr*
traffic lights	os semáforos	*semaffooroosh*
	o sinal (*Braz*)	*see-nahl*
trailer	o reboque	*rebok*
tyre	o pneu	*pneh-oo*
van	a furgoneta/	*foorgoonettuh/*
	a caminhonete (*Braz*)	*ka-meing-noh-nay-chee*
wheel	a roda	*rodduh*
windscreen	o pára-brisas	*para-bree-zush*

I'd like some petrol/oil/water
Queria gasolina/óleo/água
kr__ee__-uh gaz__oo__l__ee__nuh/__o__ll-yoo/__a__hg-wuh

Fill it up, please!
Encha o tanque, por favor
__e__nshuh oo __tang__-key, poor fuh-v__o__r

I'd like 5000 escudos worth of petrol
Queria cinco mil escudos de gasolina, por favor
kr__ee__-uh s__ee__ng-koo meel shk__oo__dosh duh gaz__oo__l__ee__nuh, poor fuh-v__o__r

(Braz) Queria cinco mil reais de gasolina, por favor
kr__ee__-uh s__ee__ng-koo meel heh-__ice__ duh gaz__oo__l__ee__nuh, poor fuh-v__o__r

Would you check the tyres, please?
Podia verificar os pneus, por favor?
pood__ee__-uh veree-feek__a__r oosh pn__e__h-oosh, poor fuh-v__o__r

Where is the nearest garage (for repairs)?
Onde é a oficina mais próxima?
__o__ndeh uh oh-feess__ee__enuh mysh pr__o__sseemuh

How do I get to ...?
Como é que se vai para ...?
k__o__h-moo eh kuh suh vye p__a__r-uh

Is this the road to ...?
É este o caminho para ...?
eh esht oo kam__ee__n-yoo p__a__r-uh

Do you do repairs?
Fazem reparações/consertos *(Braz)*?
f__a__h-zayng reparruh-s__o__yngsh/con-__sir__-toes

Can you repair the clutch?
Pode-me arranjar a embraiagem?
pod-muh arranjahr uh embry-ah-jayng

(Braz) Pode consertar a embreagem?
poh-gee con-sir-tah ah em-bri-ah-sheng

How long will it take?
Quanto tempo vai demorar?
kwantoo tempoo vye demoorahr

There is something wrong with the engine
O motor está com um problema
oo mootor shtah kong oom pro-bleh-mah

The engine is overheating
O motor está a aquecer demais
oo mootor shtah akussair duh-mysh

(Braz) O motor está esquentando muito
oo mootor shtah es-ken-tan-doo mooing-toe

I need a new tyre
Preciso de um pneu novo
pre-see-soh doom pneh-oo noh-voo

I'd like to hire a car
Queria alugar um carro
kree-uh aloogahr oom karroo

Where can I park?
Onde posso estacionar?
onduh possoo shtass-yoonahr

Can I park here?
Posso estacionar aqui?
possoo shtass-yoonahr akee

DIRECTIONS YOU MAY BE GIVEN

à direita	on the right
à esquerda	on the left
a primeira à direita	first on the right
a segunda à esquerda	second on the left
dê a volta a .../	go round the ...
dê a volta no/na (*Braz*)	
depois do/da ...	after the ...
em frente	straight on
na esquina	at the corner
vire à direita	turn right
vire à esquerda	turn left

THINGS YOU'LL SEE OR HEAR

acidente	accident
bate-chapas	bodywork repairs
bicha/fila (*Braz*)	queue
engarrafamento	traffic jam
pneu furado	puncture
gasóleo/diesel (*Braz*)	diesel
gasolina	petrol
gasolina super	four-star
nível do óleo	oil level
óleo	oil
pressão dos pneus	tyre pressure
saída	exit
sem chumbo	unleaded

RAIL TRAVEL

Portuguese trains are quite fast, and fares are relatively low when compared with the rest of Europe. There are first and second class facilities, and you are advised to book in advance because of high demand. On some routes, **CP** (the abbreviation for the national railway company) will offers car transportation.

In Brazil, rail travel is not a major mode of transportation. The train called the **dourado** is a night train that runs between São Paulo and Rio de Janeiro, and is a very pleasant journey. The main types of trains are:

Automotora:	Small, fast diesel train on local routes
Correio:	Twice-daily mail train on long-distance routes; also takes passengers
ALFA:	Express train from Lisbon to Oporto
Lusitânia-Express:	Lisbon to Madrid luxury express
Inter-Cidades:	Direct intercity train
Sud-Express:	Lisbon to Paris express in 24 hours

USEFUL WORDS AND PHRASES

booking office	a bilheteira/	*beel-yuh-tay-ruh*
	a bilheteria (*Braz*)	*beel-yuh-teh-ree-ah*
buffet	a cafeteria	*kah-feh-teh-ree-ah*
carriage	a carruagem	*karwah-jayng*
compartment	o compartimento	*kompartee-mentoo*
connection	a ligação	*leegassowng*
couchette	a carruagem cama/	*karwah-jayng kah-muh/*
	o vagão-leito (*Braz*)	*vah-gow-leih-toh*
currency exchange	o câmbio	*kamb-yoo*
dining car	a carruagem	*karwah-jayng*
	restaurante	*rushtoh-rant*

34

emergency cord	o alarme	*alarm*
engine	a locomotiva	*lookoomooteevuh*
entrance	a entrada	*entrah-duh*
exit	a saída	*sa-ee-duh*
first class	primeira classe	*preemay-ruh klass*
get in	entrar	*entrahr*
get out	sair	*sah-eer*
guard	o guarda	*gwar-duh*
left luggage	o depósito de bagagens/	*depozeetoo duh bagah-jayngsh*
	o guarda volumes (Braz)	*gwar-du voh-loom-es*
lost property	perdidos e achados	*perdeedooz ee ashah-doosh*
luggage trolley	o carrinho das bagagens	*kareen-yoo dush bagah-jayngsh*
luggage van	a furgoneta das bagagens/	*foorgoonettuh dush bagah-jayngsh/*
	o vagão das bagagens (Braz)	*vah-gow das bag-ah-sheng*
platform	a plataforma	*plataformuh*
rail	o carril/	*kareel/*
	o trilho (Braz)	*tre-lee-oh*
railway	o caminho/	*kameenyoo/*
	a estrada (Braz) de ferro	*es-trah-dah duh ferroo*
reserved seat	o lugar reservado	*loogar rezairvah-doo*
restaurant car	a carruagem restaurante	*karwah-jayng rushtoh-rant*
return ticket	o bilhete de ida e volta	*beel-yet duh eeduh ee voltuh*
seat	o lugar	*loogar*
second class	segunda classe	*segoonduh klass*
single ticket	o bilhete simples	*beel-yet seemplush*
station	a estação	*shtassowng*
station master	o chefe da estação	*sheff dushtassowng*

ticket	o bilhete	*beel-yet*
ticket collector	o revisor	*rehvvee-zor*
	o cobrador *(Braz)*	????
timetable	o horário	*oh-rar-yoo*
tracks	as linhas férreas	*leen-yush ferr-yush*
train	o comboio/	*komboyoo/*
	o trem *(Braz)*	*train*
waiting room	a sala de espera	*sah-luh duh shpairuh*
window	a janela	*janelluh*

When does the train for … leave?
A que horas parte o comboio/trem *(Braz)* para …?
ah-kee orush part oo komboyoo /train par-uh

When does the train from … arrive?
A que horas chega o comboio/trem *(Braz)* de …?
ah kee orush shegguh oo komboyoo/train duh

When is the next train to …?
A que horas parte o próximo comboio/trem *(Braz)* para …?
ah kee orush part oo prosseemoo komboyoo/train par-uh

When is the first/last train to …?
A que horas parte o primeiro/último comboio para …?
ah kee orush part oo preemay-roo/oolteemoo komboyoo par-uh

(Braz) A que horas parte o primeiro/último trem para …?
ah kee orush part oo preemay-roo/oolteemoo train par-uh

What is the fare to …?
Qual é o preço para …?
kwal eh oo preh-soo par-uh

Do I have to change?
Tenho de mudar?
ten-yoo duh moodahr

Does the train stop at …?
O comboio/trem (Braz) pára em …?
oo komboyoo/train pah-ruh ayng

How long does it take to get to …?
Quanto tempo demora a chegar a …?
kwantoo tempoo demoruh uh sheggahr uh

(Braz) Quanto tempo demora para chegar em …?
kwantoo tempoo demoruh par-uh sheggahr ehm …

A single ticket to …
Um bilhete para …
oom beel-yet par-uh

A return ticket to …
Um bilhete de ida e volta para …
oom beel-yet duh eeduh ee voltuh par-uh

Do I have to pay a supplement?
Tenho que pagar suplemento?
ten-yoo kuh pagahr sooplementoo

I'd like to reserve a seat
Queria reservar um lugar
kree-uh rezairvahr oom loogahr

Could I have a window seat?
Queria um lugar à/na (Braz) janela, por favor?
kree-uh oom loogar ah/nah janeh-luh, poor fuh-vor

Is this the right platform for the … train?
É desta plataforma qui sai o comboio para …?
eh deshtuh plata-fohr-muh kee sye o komboyoo pahr uh

(Braz) O trem para … sai desta plataforma?
oo treng par-uh … sye deshtuh plataformuh

Is this the right train for …?
É este o comboio/trem (*Braz*) para …?
eh esht oo komboyoo/train par-uh

Which platform for the … train?
De que plataforma sai o comboio/trem (*Braz*) para …?
duh kuh plataformuh sye oo komboyoo/train par-uh

Is the train late?
O comboio/trem (*Braz*) está atrasado?
oo komboyoo/train shtah atrazah-doo

Could you help me with my luggage, please?
Pode-me ajudar com a minha bagagem, por favor?
pod-muh ajoodahr kong uh meen-yuh bagah-jayng, poor fuh-vor

Is this a non-smoking compartment?
Este é um compartimento para não fumadores/fumantes (*Braz*)?
*esht eh oom komparteementoo par-uh nowng foomadorush/
fuh-man-chees*

Is this seat free?
Este lugar está livre?
esht loogar shtah leevruh

This seat is taken
Este lugar está ocupado
esht loogar shtah oh-koopah-doo

I have reserved this seat
Este lugar está reservado
esht loogar shtah rezairvah-doo

May I open/close the window?
Posso abrir/fechar a janela?
possoo abreer/fushar uh janelluh

When do we arrive in …?
A que horas chegamos a …?
uh kee orush shugah-mooz uh

What station is this?
Que estação é esta?
kuh shtassowng eh eshtuh

How long do we stop here?
Por quanto tempo paramos aqui?
poor kwantoo tempoo paruh-mooz ah-kee

Do we stop at …?
Paramos em …?
paruh-mooz ayng

Is there a restaurant car on this train?
Este comboio/trem (*Braz*) tem carruagem restaurante?
esht komboyoo/train tayng karwah-jayng rushtoh-rant

THINGS YOU'LL SEE OR HEAR

alarme de emergência	emergency alarm
atenção	attention
atrasado	delayed
bagagem	luggage
bilhete de gare	platform ticket
bilheteira/bilheteria (*Braz*)	ticket office
câmbios	currency exchange
chefe da estação	station master
chegadas	arrivals
CP (Caminhos de Ferro Portuguêses)	Portuguese National Railways
depósito de bagagem/ guarda volumes (*Braz*)	left luggage

→

39

dias de semana	weekdays
dias verdes	cheap travel days
domingos e feriados	Sundays and public holidays
entrada	entrance
excepto aos domingos	Sundays excepted
fumadores/fumantes *(Braz)*	smokers
horário	timetable
informações	information
malas	suitcases
multa por uso indevido	penalty for misuse
ocupado	engaged
partidas	departures
passageiro	passenger
plataforma	platform
proibida a entrada	no entry
proibido fumar	no smoking
quiosque/ **banca de jornais** *(Braz)*	newspaper kiosk
reserva de lugares	seat reservation
revisor	ticket collector
saída	exit
sala de espera	waiting room
suplemento	supplement
vagão	carriage

AIR TRAVEL

Major international airlines provide services to Portugal, flying
direct to such important centres as Oporto, Faro, and Funchal
in Madeira, as well as to Lisbon. It is on the domestic flights,
and at terminals, that you might need to know some Portuguese.

You can reach Brazil by air from most countries, but flights
usually arrive in São Paulo, Rio de Janeiro or Recife. However,
Brazil does have good internal flight connections.

USEFUL WORDS AND PHRASES

aircraft	o avião	av-yowng
air hostess	a hospedeira/	oshpeday-ruh/
	a aeromoça (Braz)	eh-row-mow-sa
airline	a companhia aérea	kompan-yee-uh ah-air-yuh
airport	o aeroporto	ah-airoo-portoo
airport bus	o autocarro do aeroporto/	owtookarroo doo-ah-airoo-portoo
	o ônibus do aeroporto (Braz)	onee-boos doo ah-airoo-portoo
aisle	a coxia/	kooshee-uh/
	o corredor (Braz)	ko-he-door
arrival	as chegadas	shuh-gah-duhs
baggage claim	a reclamação de bagagens/	reklamassowng duh bagah-jayngsh/
	o recebimento de bagagens (Braz)	re-seb-eh-men-toh duh bagah-jayngsh
boarding card	o cartão de embarque	kartowng daym-bark
check-in	o check-in	check-in
check-in desk	o balcão de check-in	balkowng duh check-in
delay	o atraso	atrah zoo
departure	a partida	puhr-tee-duh
	o embarque (Braz)	aym-bar-keh

departure lounge	a sala de embarque	*sah-luh daym-bark*
emergency exit	a saída de emergência	*sah-eeduh duh eemer-jenss-yuh*
flight	o vôo	*voh-oo*
flight number	o número de vôo	*noomeroo duh voh-oo*
gate	a porta/o portão (*Braz*) de embarque	*portuh/paw-towng daym-bark*
jet	o avião a jacto/ o avião a jato (*Braz*)	*av-yowng uh jattoo/ av-yowng uh ja-toe*
land (*verb*)	aterrar/aterrizar (*Braz*)	*aterrar/ah-te-he-zar*
passport	o passaporte	*passuh-port*
passport control	o controlo de passaportes/ o controle de passaportes (*Braz*)	*kontrol duh passuh-portsh/ cong-trow-lee duh passuh-portsh*
pilot	o piloto	*peeloh-too*
runway	a pista	*peesh-tuh*
seat	o lugar	*loogar*
seat belt	o cinto de segurança	*seentoo duh segooransuh*
steward	o comissário de bordo	*koomeesar-yoo duh bordoo*
stewardess	a hospedeira/ a aeromoça (*Braz*)	*oshpeday-ruh/ eh-row-mow-sah*
take off (*verb*)	descolar/ decolar (*Braz*)	*deshkoolar/ deh-col-lar*
window	a janela	*janelluh*
wing	a asa	*uh-zuh*

When is there a flight to …?
Quando é que há um vôo para …?
kwandoo eh kee ah oom voh-oo par-uh

What time does the flight to … leave?
A que horas parte o vôo para …?
uh kee orush part oo voh-oo par-uh

Is it a direct flight?
É um vôo directo/direto (Braz)?
eh oom voh-oo deeretoo/deh-eto

Do I have to change planes?
Tenho que fazer transbordo?
ten-yoo kuh fazair tranj-bordoo

(Braz) Tenho que trocar de avião ?
ten-yoo kuh tro-car deh ah-veh-owng

When do I have to check in?
A que horas tenho que fazer o check-in?
uh kee orush ten-yoo kuh fazair oo check-in

I'd like a single/return ticket to …
Queria um bilhete simples/um bilhete de ida e volta para …
kree-uh oom beel-yet seemplush/oom beel-yet duh eeduh e volta par-u

I'd like a non-smoking seat, please
Queria um lugar na secção de não fumadores, por favor
kree-uh oom loogar nuh sekssowng duh nowng-foomadorush,
  poor fuh-vor

(Braz) Queria um lugar na seção de não fumantes, por favor
kree-uh oom loogar nuh seh-sowng duh nowng fuh-man-chees,
  poor fuh-vor

I'd like a window seat, please
Queria um lugar à janela, por favor
kree-uh oom loogar ah janellah, poor fuh-vor

How long will the flight be delayed?
Quanto tempo é que o vôo está atrasado?
kwantoo tempoo eh kee oo voh-oo shtah atrazah-doo

Is this the right gate for the … flight?
É esta a porta de embarque para o vôo …?
eh esht uh portuh daym-bark par-uh oo voh-oo

(Braz) É este o portão de embarque para o vôo de …?
eh eh-steh oh paw-towng daym-bark par-uh oo voh-oo duh

When do we arrive in …?
A que horas chegamos a …?
uh kee orush shugah-mooz uh

May I smoke now?
Posso fumar agora?
possoo foomahr agoruh

I do not feel very well
Não me sinto muito bem
nowng muh seentoo mweentoo bayng

Things You'll See or Hear

alfândega	customs
apertar os cintos de segurança	fasten seat belts
asa	wing
aterragem/aterrissagem (*Braz*)	landing
aterragem de emergência/ aterrissagem de emergência (*Braz*)	emergency landing
avião	aircraft
comandante	captain
comissário de bordo	steward
controlo de passaportes/ controle de passaportes (*Braz*)	passport control
coxia/corredor (*Braz*)	aisle
descolagem/decolagem (*Braz*)	take-off
escala	intermediate stop
hora local	local time
hospedeira/aeromoça (*Braz*)	stewardess
informações	information
janela	window
não fumadores/ não fumantes (*Braz*)	non-smokers
não fumar	no smoking
passageiros	passengers
pista	runway
porta/portão (*Braz*) de embarque	gate
saída de emergência	emergency exit
tripulação	crew
velocidade	speed
vôo directo/direto (*Braz*)	direct flight
vôo fretado	charter flight
vôo regular/ponte aérea (*Braz*)	scheduled flight

BUS, METRO AND BOAT TRAVEL

The major Portuguese cities have good bus networks. On most buses you pay the driver as you enter. Since there is generally a flat fare, it is cheaper to buy a book of tickets called a **caderneta**. Multi-journey passes for tourists (**passes turisticos**) and monthly passes (**passes sociais**) are also available. In Brazil, buses are the main form of transportation with good connections and frequent services. Buy tickets from the conductor at the back of the bus. Inter-city buses leave from the **rodoviária**; long-distance, overnight buses, called **leitos**, are cheaper than travelling by plane.

There is an excellent coach network which serves the whole of Portugal, covering the gaps in the railway system and giving a better connecting service between cities. The coaches are comfortable, fast and have facilities such as video and air conditioning (essential in a hot climate).

Lisbon's underground system is called the **metro**. Again, a flat fare is in operation and you can buy a **caderneta** (book of ten tickets) or a seven-day ticket (**passe**) giving unlimited travel.

Lisbon also has a tram network covering most of the city. The same **caderneta** used on buses is also valid for use on trams.

Boats connect both sides of the Tagus river in Lisbon, carrying cars and pedestrians. Another feature of the city is the **elevadores** (lifts) taking people up the steep hills.

USEFUL WORDS AND PHRASES

adult	o adulto	_adooltoo_
boat	o barco	_barkoo_
bus	o autocarro/	_owtoo-karroo/_
	o ônibus (_Braz_)	_onee-boos_
bus stop	a paragem do	_parrah-jayng doo_
	autocarro/	_owtoo-karroo/_
	o ponto de	_pon-toh deh_
	ônibus (_Braz_)	_onee-boos_

child	a criança	*kree-ansuh*
coach	o autocarro/	*owtoo-karroo/*
	o ônibus *(Braz)*	*onee-boos*
conductor	o cobrador/	*kobruh-dor*
	o condutor *(Braz)*	*kondootor*
connection	a conexão	*con-ex-owng*
cruise	o cruzeiro	*kroozay-roo*
driver	o condutor/	*kondootor/*
	o motorista *(Braz)*	*mow-toe-rees-tah*
fare	o preço	*pre-sow*
	(da passagem)	*(dah pa-sah-sheng)*
ferry	o barco de	*barkoo duh trah-*
	travessia/	*veh-ssee-ah*
	o balsa *(Braz)*	*bow-el-sa*
lake	o lago	*lah-goo*
network map	o mapa	*mah-puh*
number 5 bus	o autocarro/	*owtoo-karroo/*
	o ônibus *(Braz)*	*onee-boos*
	número cinco	*noomeroo seeng-koo*
passenger	o passageiro	*passajay-roo*
port	o porto	*portoo*
quay	o cais	*kysh*
river	o rio	*ree-oo*
sea	o mar	*mar*
seat	o lugar	*loogar*
ship	o navio	*nuh-vee-hoo*
station	a estação	*shtassowng*
terminus	o terminal/	*termee-nal*
	o ponto final *(Braz)*	*pohntoh feenahl*
ticket	o bilhete/	*beel-yet/*
	a passagem *(Braz)*	*pah-sah-sheng*
underground	o metro	*metroo*

Where is the nearest underground station?
Onde é a estação de metro mais próxima?
ondeh uh shtassowng duh mehtroo mysh prosseemuh

Where is the bus station?
Onde é a estação dos autocarros?
_o_ndeh uh shass_o_wng dooz owtoh-k_a_rroosh

(Braz) Onde é a estação rodoviária ?
_o_ndeh uh ah shass_o_wng row-doh-vey-_ah_-rey-ah

Where is there a bus stop?
Onde é que há uma paragem do autocarro?
_o_ndeh kee ah _oo_muh par_a_h- jayng dowtoo-k_a_rroo

(Braz) Onde é o ponto de ônibus?
_o_ndeh oh pon-toh deh onee-boos

Which buses go to …?
Que autocarros vão para …?
kee owtoh-k_a_rroosh vowng p_a_r-uh

(Braz) Que ônibus vai para …?
k_eh_ onee-boos viy p_a_r-uh

How often do the buses to … run?
De quanto em quanto tempo é que há autocarros para …?
duh kw_a_ntoo ayng kw_a_ntoo t_e_mpoo eh kee ah owtoh-k_a_rroosh p_a_r-uh

(Braz) De quanto em quanto tempo passa o ônibus para …?
duh kw_a_ntoo ayng kw_a_ntoo t_e_mpoo p_a_h-sah oh onee-boos p_a_-rah

Would you tell me when we get to …?
Pode-me avisar quando chegarmos a …?
pod-muh av_ee_zuhr kw_a_ngdoo sheg_a_hr-mooz uh

(Braz) Poderia me avisar quando chegarmos em …?
poh-deh-_ree_-ah muh av_ee_zuh kw_a_ngdoo sheg_a_hr-mooz ehm

Do I have to get off yet?
Já tenho que sair/descer (Braz)?
jah t_e_nyo kuh sah-_ee_r/deh-sser

How do you get to …?
Como é que se vai para …?
koh-moo eh kuh suh vye par-uh

Is it very far?
É muito longe?
eh mweentoo lonj

I want to go to …
Quero ir para …
kairoo eer par-uh

Do you go near …?
Passa perto de …?
passuh pairtoo duh

Where can I buy a ticket?
Onde posso comprar um bilhete?
onduh possoo komprar oom beel-yet

Please close/open the window
Não se importa de fechar/abrir a janela, por favor
nowng seemportuh duh fushar/abreer uh janelluh, poor fuh-vor

Could you help me get a ticket?
Pode-me ajudar a comprar um bilhete?
pod-muh ajoodar uh komprar oom beel-yet

When does the last bus leave?
A que horas parte o último autocarro?
uh kee orush part oo oolteemoo owtoh-karroo

(*Braz*) A que hóras sai o último ônibus?
uh kee orush saeh oo oolteemoo onee-boos

THINGS YOU'LL SEE OR HEAR

adultos	adults
bilhete/passagem *(Braz)*	ticket
caderneta	book of tickets
cheio	full
condutor/motorista *(Braz)*	driver
crianças	children
descer	to get off
entrada	entrance
lugar	seat
lugar reservado	reserved seat
módulo	ticket (in book)
mostrar	to show
mudar	to change
obliterador	ticket-stamping machine
pagar	to pay
paragem do autocarro/ ponto de ônibus *(Braz)*	stop
passe social	pass
picar o bilhete	stamp/punch your ticket
proibido fumar	no smoking
quebrar em caso de emergência	break in case of emergency
revisor	ticket inspector
saída	exit
saída de emergência	emergency exit
troco	change (money)

EATING OUT

Portugal and Brazil offer a variety of places to eat:

Café: A general café that sells all kinds of food and drinks and is well worth trying for a quick snack. Full meals are also often available.

Churrascaria: A restaurant specializing in barbecued dishes.

Confeitaria (*Braz*): A bakery/café that sells bread and cakes, and also serves snacks, juices, milkshakes and coffee.

Esplanada: Pavement café

Lanchonete (*Braz*): A café-bar selling sandwiches and light meals as well as cakes, sweets and drinks.

Pastelaria: A cake shop that also serves tea, coffee, beer, sandwiches and light snacks. In Brazil, this is a place specializing in **pasteis** (savoury pastries with fillings), and other snacks, but not cakes or sweet pastries.

Restaurante: Restaurant.

Snack-bar: A combined café, bar and restaurant not to be confused with the English idea of a snack-bar. Service is provided at the counter or, for a little extra, at a table. There is usually a good variety of set menus at reasonable prices (look for **pratos combinados** or, in Brazil, **pratos do dia** – dish of the day).

USEFUL WORDS AND PHRASES

beer	a cerveja	serv*ay*-juh
bill	a conta	k*o*ntuh
bottle	a garrafa	garr*ah*-fuh
bowl	a tigela	teej*e*lluh
cake	o bolo	b*oh*-loo
chef	o cozinheiro	koozeen-y*ay*-roo
coffee	o café	kuff*e*h
cup	a chávena/a xícara (Braz)	sh*a*venuh/she-*ka-rah*
fork	o garfo	g*a*rfoo
glass	o copo	k*o*poo
knife	a faca	f*ah*-kuh
menu	a ementa/o cardápio (Braz)	eem*e*ntuh/car-*dap*-eo
milk	o leite	layt
plate	o prato	pr*ah*-too
receipt	o recibo	russ*ee*boo
restaurant	o restaurante	rushtoh-r*a*nt
sandwich	a sandes/	sandj/
	o sanduíche (Braz)	sand-*weech*-eh
serviette	o guardanapo	gwarduh-n*a*poo
snack	a refeição ligeira/	refay-s*o*wng leej*a*yruh/
	o lanche (Braz)	lang-sheh
soup	a sopa	s*oh*ppuh
spoon	a colher	kool-y*ai*r
sugar	o açúcar	ass*oo*kar
table	a mesa	m*e*zuh
tea	o chá	sha
teaspoon	a colher de chá	kool-y*ai*r duh sha
tip	a gorjeta	goorj*e*tuh
waiter	o empregado de mesa/	empreg*ah*-doo duh m*e*zuh/
	a garçom (Braz)	gah-*song*
waitress	a empregada de mesa/	empreg*ah*-duh duh m*e*zuh/
	a garçonete (Braz)	gah-song-*etche*
water	a água	*ah*g-wuh
wine	o vinho	v*ee*nyoo
wine list	a lista dos vinhos	l*ee*shtuh doosh v*ee*nyoosh

A table for one, please
Uma mesa para uma pessoa, por favor
oomuh mezuh par-uh oomuh pessoh-uh, poor fuh-vor

A table for two/three, please
Uma mesa para duas/três pessoas, por favor
oomuh mezuh par-uh doo-ush/tresh pessoh-ush, poor fuh-vor

Can we see the menu, please?
Pode trazer a ementa/o cardápio (Braz), por favor?
pod trazair uh eementuh/oh car-dap-eo, poor fuh-vor

Can we see the wine list, please?
Pode trazer a lista dos vinhos, por favor?
pod trazair uh leeshtuh doosh veenyoosh, poor fuh-vor

Do you do children's portions?
Servem porções para crianças?
servaing poo-soyngsh pahr-uh kree-ang-sash

What would you recommend?
O que é que nos aconselha?
oo kee eh kuh nooz akonsell-yuh

(Braz) O que pode sugerir?
oo kee pohdeh soojeh-reer

Is this suitable for vegetarians?
Isto é apropriado para vegetarianos?
eeshtoo eh aproo-pree-ahdoo pahr-uh veh-jeh-tah-ree-ahnoos

I'd like …
Queria …
kree-uh

Just a cup of coffee, please
Só um café, por favor
soh oom kuff_eh_, poor fuh-v_o_r

Waiter!/Waitress!
Se faz favor!
suh fash fuh-v_o_r

(Braz) Garçom! Garçonete!
*gah-_song_ gah-song-_etche_*

Can we have the bill, please?
Pode trazer a conta, por favor?
pod traz_air_ uh k_o_ntuh, poor fuh-v_o_r

I only want a snack
Só quero uma refeição ligeira
soh k_air_oo _oo_muh ruffay-_sowng_ leej_ay_-ruh

(Braz) Só quero lanchar
soh k_air_oo lang-shah

Is there a set menu?
Qual é o prato do dia?
kwal eh prato doh dea

I didn't order this
Eu não pedi isto
_eh_-oo nowng ped_ee_ _ee_shtoo

May we have some more …?
Pode trazer mais …?
pod traz_air_ mysh

The meal was very good, thank you
A comida estava óptima/ótima, obrigado
uh koom_ee_duh sht_ah_-vuh _o_ttimmuh/_oh_-ti-moh, obgrigah-doo

MENU GUIDE

abacate	avocado
açorda de alho	thick bread soup with garlic
açorda de marisco	thick bread soup with shellfish
açúcar	sugar
aguardentes bagaceiras	grape brandies
aguardentes velhas e preparadas	aged brandies
aipo	celery
alcachofras	artichokes
alface	lettuce
alho	garlic
alho francês	leek
almôndegas	meatballs
alperces	apricots
amêijoas	clams
amêijoas à Bulhão Pato	clams with coriander, onion and garlic
amêijoas na cataplana	clams in a sweet tomato sauce
ameixas	plums
ameixas de Elvas	dried plums from Elvas
amêndoa amarga	bitter almond drink
amêndoas	almonds
à moda de …	in the style of …
ananás	pineapple
anchovas	anchovies
ao natural	plain
aperitivo	aperitif
arroz árabe	fried rice with dried nuts and fruit
arroz à valenciana	rice with chicken, pork and seafood
arroz branco	plain rice
arroz de cabidela	rice with birds' blood
arroz de frango	chicken with rice
arroz de marisco	rice with shellfish
arroz de pato	duck with rice
arroz doce	sweet rice dessert
atum	tuna
avelãs	hazelnuts
azeitonas	olives

bacalhau à Brás	cod with egg and potatoes
bacalhau à Gomes de Sá	fried cod with onions, boiled potatoes and eggs
bacalhau assado	grilled cod
bacalhau à Zé do Pipo	cod in egg sauce
bacalhau com natas	cod with cream
bacalhau dourado	baked cod
bacalhau na brasa	barbecued cod
banana flambée	banana flambé
batata assada	baked potato
batata a murro	small baked potato
batata palha	thinly cut chips
batatas	potatoes
batatas cozidas	boiled potatoes
batatas fritas	french fries
batatas salteadas	boiled potatoes in butter sauce
batido/batida (*Braz*) de chocolate	chocolate milkshake
batidos/batida (*Braz*)	milkshakes
batidos/batida (*Braz*) de fruta	fruit milkshakes
bavaroise	dessert made with egg whites and cream
bem passado	well done
berbigão	clam-like shellfish
beringelas	aubergines
besugos	sea bream (fish)
beterraba	beetroot
bica	small black coffee
bifanas	pork slice in a roll
bife	steak
bife à cortador	thick, tender steak
bife de alcatra	rump steak
bife de atum	tuna steak
bife de javali	wild boar steak
bife de pojadouro	top round steak
bife de vaca (com ovo a cavalo)	steak (with an egg on top)
bife grelhado	grilled steak
bifes com cebolada	steak with onions
bifes de peru	turkey steaks
bife tártaro	steak tartare
bifinhos de porco	small slices of pork
bifinhos na brasa	small slices of barbecued beef

bola de carne	meatball cooked in dough
bolo de amêndoa	almond cake
bolo de chocolate	chocolate cake
bolo de nozes	walnut cake
bolo inglês	sponge cake containing dried fruit
bolo Rei	ring-shaped cake eaten at Christmas
bolos	cakes
borrego à moda do Minho	marinated lamb in the Minho style
branco	white
broas	corn cakes
cachorros/cachorro quente (*Braz*)	hot dogs
café	coffee
café pingado	espresso coffee with a touch of milk
café duplo	double espresso
café glacé	iced coffee
caldeirada	fish stew
caldo de aves	bird soup
caldo de carne	meat soup
caldo verde	cabbage soup
camarões	prawns
canela	cinnamon
canja de galinha	chicken soup
caracóis	snails
caranguejos	crabs
carapaus de escabeche	marinated mackerel
carapaus fritos	fried mackerel
caril	curry
carioca	small weak black coffee
carne à jardineira	meat and vegetable stew
carne de porco com amêijoas	pork with clams
carne de vaca assada	roast beef
carne de vaca guisada	stewed beef
carne estufada	stewed meat
carneiro	mutton
carnes	meats
carnes frias	selection of cold meats
castanhas	chestnuts
cerejas	cherries
cerveja	beer
cerveja branca	lager

cerveja preta	bitter (beer)
chá de limão	lemon tea
chá de mentol	mint tea
chanfana de porco	pork casserole
chantilly	whipped cream
chocolate glacé	iced chocolate
chocolate quente	hot chocolate
chocos	cuttlefish
chouriço	spiced sausage
choux	cream puff
churros	long, tube-shaped fritters
cidra	cider
cimbalino	espresso coffee
civet lebre	jugged hare
cocktail de camarão	prawn cocktail
codorniz	quail
codornizes fritas	fried quail
coelho à caçador	rabbit casserole with rice
coelho de fricassé	rabbit fricassee
coelho frito	fried rabbit
cogumelos	mushrooms
cogumelos com alho	mushrooms with garlic
compota	stewed fruit
conquilhas	baby clams
coração	heart
corações de alcachofra	artichoke hearts
corvina	large sea fish
costeletas	chops
costeletas de carneiro	lamb chops
costeletas de porco	pork chops
costeletas fritas	fried chops
costeletas grelhadas	grilled chops
courgettes com creme no forno	baked courgettes with cream
courgettes fritas	fried courgettes
couve branca com vinagre	white cabbage with vinegar
couve-flor	cauliflower
couve-flor com molho branco no forno	cauliflower cheese
couve-flor com natas	cauliflower with cream
couve roxa	red cabbage
couvert	cover charge

couves de bruxelas	Brussels sprouts
couves de bruxelas com natas	Brussels sprouts with cream
couves de bruxelas salteadas	Brussels sprouts in butter sauce
couves guisadas com salsichas	stewed cabbage and sausage
cozido à portuguesa	Portuguese stew (with chicken, sausage etc)
creme de marisco	cream of shellfish soup
crepe de camarão	prawn crêpe
crepe de carne	meat crêpe
crepe de cogumelos	mushroom crêpe
crepe de espinafres	spinach crêpe
crepe de legumes	vegetable crêpe
crepes	crêpes
crepe suzette	crêpe suzette
croquettes	meat croquettes
doce	dessert, jam, sweet made from eggs and sugar
doce de amêndoa	almond dessert
doce de ovos	custard-like sweet made from eggs and sugar
dourada	dory (sea fish)
éclair de chantilly	whipped cream éclair
éclairs de café	coffee éclairs
éclairs de chocolate	chocolate éclairs
ementa	menu
empadão de carne	large meat pie
empadão de peixe	large fish pie
encharcada	sweet made of almonds and eggs
enguias	eels
enguias fritas	fried eels
ensopado de borrego	lamb stew
ensopado de enguias	eel stew
entradas	starters
entrecosto	entrecôte
entrecosto com amêijoas	entrecôte with clams
entrecosto frito	fried entrecôte
ervilhas	peas
ervilhas com ovos	stewed peas with poached eggs and bacon

ervilhas rebocadas	peas in butter sauce with bacon
escalope	escalope
escalope com Madeira	escalope with Madeira wine
escalope de carneiro	mutton escalope
escalope de porco	pork escalope
escalope panado	breaded escalope
espargos	asparagus
esparguete à bolonhesa	spaghetti bolognese
esparregado	puréed spinach
espetada de leitão	suckling pig kebab
espetada de rins	kidney kebab
espetada de vitela	veal kebab
espetada mista	mixed kebab
espinafres gratinados	spinach with cheese
espinafres salteados	spinach in butter sauce
expresso	espresso coffee
faisão	pheasant
farófias	whipped egg white with cinnamon
farturas	long, tube-shaped fritters
fatias recheadas	slices of bread with fried mince
febras de porco	thin pork slices
feijão verde	French bean
feijoada	bean stew
fiambre caramelizado	ham coated with caramel
figos	figs
figos moscatel	muscatel figs
figos secos	dried figs
filete	fillet
filete de bife com foie gras	fillet of beef with foie gras
filetes de pescada	fillets of hake
filhozes	sugared buns
folhado de carne	meat roll with puff pastry
folhado de salsicha	sausage roll
fondue	fondue
fondue de carne	meat fondue
fondue de queijo	cheese fondue
frango	chicken
frango assado	roast chicken
frango na púcara	chicken casserole with port and almonds

frango no churrasco	barbecued chicken
frango no espeto	barbecued chicken
fruta	fruit
fruta da época	seasonal fruit
funcho	fennel
galantine de coelho	rabbit galantine
galantine de galinha	chicken galantine
galantine de vegetais	vegetable galantine
galão	large milky coffee
galinha de África	guinea fowl
galinha de fricassé	chicken fricassee
gambas	prawns
gambas grelhadas	grilled prawns
garoto	small milky coffee
gaspacho	chilled vegetable soup
gelado	ice cream
gelado de baunilha	vanilla ice cream
gelado de frutas	fruit ice cream
geleia	preserve
ginjinha	type of cherry brandy
groselha	currant similar to blackcurrant
hamburguer	hamburger
hamburguer com batatas fritas	hamburger and chips
hamburguer com ovo	hamburger and egg
hamburguer no pão	hamburger roll
iogurte	yoghurt
iscas à portuguesa	fried liver and boiled potatoes
italiana	half an espresso
lagosta	lobster
lagosta à americana	lobster with tomato and onions
lagosta termidor	lobster thermidor
lagostins	crayfish
lampreia à moda do Minho	marinated lamprey served in the Minho style
lampreia de ovos	egg dessert shaped as a lamprey
lanche	afternoon tea
laranjas	oranges

lasanha	lasagne
leitão à Bairrada	suckling pig from Bairrada
leite	milk
leite creme	light custard with cinnamon
limonada	fresh lemon juice diluted with water
língua	tongue
língua de porco	tongue of pork
língua de vaca	tongue of beef
linguado à meunière	sole meunière
linguado grelhado/frito/no forno	grilled/fried/baked sole
lista	menu
lista de preços	price list
lombo de porco	loin of pork
lombo de vaca	sirloin
lulas com natas	stewed squid with cream
lulas fritas/guisadas/recheadas	fried/stewed/stuffed squid
maçã assada	baked apple
maçãs	apples
macedónia de frutas	fruit cocktail
mal passado	rare
manteiga	butter
manteiga de anchovas	anchovy butter
marinada	marinade
marisco	shellfish
marmelada	quince jam
marmelos	quince
marmelos assados	roast quince
mayonnaise	mayonnaise
mayonnaise de alho	garlic mayonnaise
mazagrin	iced coffee with lemon
meia de leite	large white coffee
meia desfeita	cod and chickpeas with olive oil and vinegar
meio-seco	medium dry
melancia	watermelon
melão	melon
melão com presunto	melon with ham
meloa com vinho do Porto/Madeira	small melon with port/Madeira
merengue	meringue

mexilhões	mussels
migas à alentejana	thick bread soup
mil folhas	sweet, flaky pastry
miolos	brains
miolos com ovos	brains with eggs
molho à espanhola	spicy onion and garlic sauce
molho ao Madeira	Madeira sauce
molho bearneaise	sauce made from egg yolks, lemon juice and herbs
molho béchamel	béchamel sauce
molho branco	white sauce
molho holandês	hollandaise sauce (with fish)
molho inglês	brown sauce
molho mornay	béchamel sauce with cheese
molho mousseline	hollandaise sauce with cream
molho tártaro	tartar sauce (mayonnaise with herbs, gherkins and capers)
molho veloutée	white sauce made from egg yolks and cream
morangos	strawberries
morangos com chantilly	strawberries and whipped cream
morangos com natas	strawberries and cream
morena	beer
morena mistura branca e preta	mixture of lager and bitter
Moscatel	muscatel wine
mousse de chocolate	chocolate mousse
mousse de fiambre	ham mousse
mousse de leite condensado	condensed milk mousse
napolitanas	long, flat biscuits
nêsperas	loquats (fruit)
nozes	walnuts
omolete/omelete (Braz)	omelette
omolete/omelete (Braz) com ervas	vegetable omelette
omolete/omelete (Braz) de cogumelos	mushroom omelette
omolete/omelete (Braz) de fiambre	ham omelette
omolete/omelete (Braz) de queijo	cheese omelette
orelha de porco vinaigrette	pig's ear in vinaigrette
ovo com mayonnaise	egg mayonnaise
ovo em geleia	jellied egg

ovo estrelado	fried egg
ovo quente	soft-boiled egg
ovos escalfados	poached eggs
ovos mexidos	scrambled eggs
ovos mexidos com tomate	scrambled eggs with tomato
ovos verdes	stuffed eggs
pão de centeio	rye bread
pão de ló de Alfaizerão	sweet sponge cake
pão de ló de Ovar	sweet sponge cake
pão de milho	corn bread
pão integral	wholemeal bread
pão torrado	toasted bread
pargo	sea bream
pargo assado	roast bream
pargo cozido	boiled bream
parrilhada	fish grill
pastéis de nata	puff pastry with egg custard filling
pastéis de Tentugal	custard pie with almonds and nuts
pastelinhos de bacalhau	cod fishcakes
pataniscas	salted cod fritter
paté de aves	bird pâté
paté de fígado	liver pâté
paté de galinha	chicken pâté
pato à Cantão	Chinese style duck
pato assado	roast duck
pato com laranja	duck à l'orange
peixe	fish
peixe espada	swordfish
peixe espada com escabeche	marinated swordfish
peixinhos da horta	French bean fritter
pequeno almoço	continental breakfast
pêra bela Helena	pear in chocolate sauce
pêras	pears
percebes	kind of shellfish
perdizes fritas/de escabeche	fried/marinated partridge
perdizes na púcara	partridge casserole
perna de carneiro assada	roast leg of lamb
perna de carneiro entremeada	stuffed leg of lamb
perninhas de rã	frogs' legs
peru	turkey

peru assado	roast turkey
peru de fricassé	turkey fricassee
peru recheado	stuffed turkey
pescada cozida	boiled hake
pescadinhas de rabo na boca	whiting served with their tails in their mouths
pêssego careca	nectarine
pêssegos	peaches
petit-fours	small almond cakes
pimenta	pepper
pimentos	peppers (red or green)
piperate	pepper stew
prato da casa	speciality of the house
prato do dia	today's special
pratos combinados	mixed dishes
pregos	thin slice of steak in a roll
pudim de laranja	orange flan
pudim de ovos	egg pudding
pudim flan	type of crème caramel
puré de batata	mashed potatoes
puré de castanhas	chestnut purée
pv (preço variado)	price varies
queijo curado	cured cheese
queijo da Ilha	strong, peppery cheese from Madeira
queijo da Serra	cheese from the Serra da Estrela
queijo de cabra	goat's cheese
queijo de ovelha	sheep's cheese
queijo de Palmela	small dried cheese
queijo de Serpa	small dried cheese
queijo fresco	very mild goat's cheese
queijos	cheeses
rabanadas	French toast
raia	skate
remoulade	dressing with mustard and herbs
requeijão	curd cheese
rillete	potted pork and goose meat
rins	kidneys
rins à Madeira	kidney served with Madeira wine
rins salteados	sautéed kidneys

rissol	rissole
rissol de camarão	prawn rissole
robalo	rock bass
rolo de carne	meat loaf
sabayon	dessert with egg yolks and white wine
sal	salt
salada de agriões	cress salad
salada de atum	tuna salad
salada de chicória	chicory salad
salada de frutas	fruit salad
salada de lagosta	lobster salad
salada de tomate	tomato salad
salada mista	mixed salad
salada russa	diced vegetable salad in mayonnaise
salmão	salmon
salmão fumado	smoked salmon
salmonetes grelhados	grilled mullet
salsicha	sausage
salsichas de cocktail	cocktail sausages
salsichas de porco	pork sausages
sandes de fiambre	ham sandwich
sandes de lombo	steak sandwich
sandes de paio	sausage sandwich
sandes de presunto	parma ham sandwich
sandes de queijo	cheese sandwich
sandes mista	mixed sandwich
santola	spider crab
santola gratinada	spider crab au gratin
sapateira	spider crab
sardinhas assadas	grilled sardines
seco	dry
selecção de queijos	selection of cheeses
sobremesas	desserts
solha	flounder
solha assada no forno	baked flounder
solha frita	fried flounder
solha recheada	stuffed flounder
sonhos	dried dough with cinnamon
sopa de agriões	cress soup
sopa de alho francês	leek soup

sopa de camarão	prawn soup
sopa de cebola gratinada	onion soup au gratin
sopa de cogumelos	meat soup
sopa de cozido	meat soup
sopa de espargos	asparagus soup
sopa de lagosta	lobster soup
sopa de ostras	oyster soup
sopa de panela	egg-based sweet
sopa de pão e coentros	soup with bread and coriander
sopa de pedra	vegetable soup
sopa de peixe	fish soup
sopa de rabo de boi	oxtail soup
sopa de tartaruga	turtle soup
sopa dourada	egg-based sweet
sopa Juliana	vegetable soup
sopas	soups
soufflé de camarão	prawn soufflé
soufflé de chocolate	chocolate soufflé
soufflé de cogumelos	mushroom soufflé
soufflé de espinafres	spinach soufflé
soufflé de peixe	fish soufflé
soufflé de queijo	cheese soufflé
soufflé gelado	ice cream soufflé
sumo de laranja	orange juice
sumo de limão	lemon juice
sumo de maçã	apple juice
sumo de tomate	tomato juice
tarte de amêndoa	almond tart
tarte de cogumelos	mushroom quiche
tarte de limão	lemon tart
tarte de maçã	apple tart
tinto	red
tomates recheados	stuffed tomatoes
toranja	grapefruit
torresmos	small rashers of bacon
tortilha	Spanish omelette (with potato)
tosta	toasted sandwich
tosta mista	ham and cheese toasted sandwich
toucinho do céu	egg dessert
trufas de chocolate	chocolate truffles

truta	trout
truta assada no forno	baked trout
truta cozida	boiled trout
truta frita	fried trout
uvas brancas/pretas	white/black grapes
uvas moscatel	muscatel grapes
veado assado	roast venison
vieiras recheadas	stuffed scallops
vinagre de estragão	tarragon vinegar
vinho branco	white wine
vinhos espumantes	sparkling wines
vinho tinto	red wine
vinho verde	slightly sparkling wine
xarope	syrup
xarope de groselha	blackcurrant syrup
xarope de morango	strawberry syrup

BRAZILIAN MENU GUIDE

abacaxi	pineapple
acarajé	fried bean dumpling
água-de-coco	coconut water
angu	polenta
bacalhoada	baked salt cod with potato and pepper
bife	steak
bobó de camarão	mashed cassava and prawns
cachaça	spirit made from sugar cane
cafezinho	small black coffee
caipirinha	cocktail of cachaça, lemon and sugar
caldo de cana	sugarcane juice
carne de boi/vaca	beef
carne de sol	dried salt beef
chopp	draught beer
churrasco	barbecued meat
cocada	dessert made of coconut
couve a mineira	finely chopped spring greens (kale)
coxinha de galinha	fried chicken dumpings
damasco	apricot

dendê	palm oil
empadinha	pie
farofa	side dish of cassava flour and eggs
feijão preto	black beans
feijão tropeiro	dish made with beans, cassava flour and eggs
feijoada	black bean and mixed meat stew
galinha/frango	chicken
goiaba	guava
guaraná	soft drink made from an Amazonian plant
linguiça	sausage
mamão	papaya
mandioca/aipim	cassava
maracujá	passion fruit
moqueca	fish or prawn stew
palmito	palm heart
pão de queijo	bread made with cassava flour and cheese
pastel	thin fried pasty with various fillings
pirão	savoury cream (with meat or fish juices)
porco	pork
pudim	creme caramel
queijo minas	mild cheese
quibe	deep fried minced meat
quindim	dessert made with coconut, sugar and eggs
rodízio	unlimited helping of barbecued meats (carved at the table)
salgadinho	savoury filled pastries
siri	crab
sopa de aves	bird soup
sopa de carne	meat soup
sopa verde	cabbage soup
tutu	mashed beans with hard boiled eggs and bacon
vatapá	spicy thick cream with bread, coconut milk, prawns and nuts
vitaminas	milk shake
xinxim de galinha	chicken with prawns and peanuts

SHOPPING

The usual opening hours are 9 am to 1 pm and 3 pm to 7 pm. Most shops close at 1 pm on Saturdays. In major cities, shopping centres (**Centro Comercial**) are open from 10 am to midnight seven days a week.

In all Brazilian cities there are a good many shopping centres which are open seven days a week from 10 am to 10 pm. Unlike Portugal, shops do not tend to shut for afternoon siesta.

USEFUL WORDS AND PHRASES

audio equipment	o equipamento de som	*eekeepamentoo duh song*
bakery	a padaria	*padduh-ree-uh*
bookshop	a livraria	*leevraree-uh*
butcher	o talho/ o açougue *(Braz)*	*talyoo/ ah-sooh-geh*
buy *(verb)*	comprar	*komprahr*
cake shop	a pastelaria/ a confeitaria *(Braz)*	*pashtulluh-ree-uh/ cong-fate-ah-re-ah*
cheap	barato	*barah-too*
chemist *(shop)*	a farmácia	*farmass-yuh*
department store	os grandes armazéns	*grandz armazayngsh*
fashion	a moda	*modduh*
fishmonger	a peixaria	*payshuh-ree-uh*
florist	a florista	*floreeshtuh*
grocer	a mercearia/ o armazém *(Braz)*	*mersee-uh-ree-uh/ ar-mah-zeng*
ironmonger	o ferreiro	*ferray-roo*
menswear	a roupa de homen	*roh-puh dommayng*
newsagent	a tabacaria/ a banca de jornal *(Braz)*	*tabakuh-ree-uh/ bahn-kah deh johr-nahl*

receipt	a factura/	*fakt<u>oo</u>ruh/*
	o recibo *(Braz)*	*reh-<u>see</u>-bow*
record shop	a discoteca/	*deeshkoot<u>e</u>kkuh/*
	a loja de discos *(Braz)*	*low-sha deh <u>dis</u>-cos*
sale	os saldos	*s<u>a</u>ldoosh*
shoe shop	a sapataria	*sapatuh-r<u>ee</u>-uh*
shop	a loja	*l<u>o</u>jjuh*
go shopping	ir às compras	*eer ash k<u>o</u>mprush*
souvenir shop	a loja de artigos regionais/	*l<u>o</u>jjuh dart<u>ee</u>goosh rej-yoo-n<u>y</u>sh/*
	a loja de lembranças *(Braz)*	*l<u>o</u>jjuh deh leng-<u>bran</u>-sas*
special offer	a oferta especial	*off<u>air</u>-tuh shpuss-y<u>a</u>l*
spend	gastar	*gash-t<u>a</u>hr*
stationer	a papelaria	*pappeluh-r<u>ee</u>-uh*
supermarket	o supermercado	*sooper-mer-k<u>a</u>h-doo*
tailor	a alfaiataria	*alfye-attuh-r<u>ee</u>-uh*
till	a caixa	*ky<u>e</u>-shuh*
toy shop	a loja de brinquedos	*l<u>o</u>jjuh duh breenk<u>e</u>h-doosh*
travel agent	a agência de viagens	*aj<u>e</u>nss-yuh duh vee-<u>a</u>h-jayngsh*
women's wear	a roupa de senhora	*r<u>o</u>h-puh duh sen-y<u>o</u>ruh*

Where is there a ... (shop)?
Onde é o/a ... (loja)?
<u>o</u>ndeh oo/uh ... (l<u>o</u>jjuh)

Where is the shopping area?
Onde é a área comercial?
<u>o</u>ndeh uh <u>a</u>hree-uh koomersee-<u>a</u>hl

Where is the ... department?
Onde é a secção de ...?
<u>o</u>ndeh uh seks<u>o</u>wng duh

Do you have …?
Tem …?
tayng

How much is this?
Quanto é que isto custa?
kwantoo eh kee eeshtoo kooshtuh

Do you have any more of these?
Tem mais destes?
tayng mysh destush

Have you anything cheaper?
Tem alguma coisa mais barata?
tayng algoomuh koyzuh mysh barah-tuh

Have you anything larger?
Tem maior?
tayng may-or

Have you anything smaller?
Tem mais pequeno/Tem menor (*Braz*)?
tayng mysh pekeh-noo/tayng meh-nor

Can I try it (them) on?
Posso experimentar?
possoo shpheree-mentahr

Does it come in other colours?
Tem outras cores?
tayng oh-trush korush

That's fine
Está bem
shtah bayng

I'd like to change this, please
Queria trocar isto, por favor
kree-uh trookahr eeshtoo, poor fuh-vor

Can I have a refund?
Pode-me/Pode (*Braz*) devolver o dinheiro?
pod-muh/poh-deh duvvolvair oo deen-yay-roo

Where do I pay?
Onde é que se paga?
ondeh kuh suh pah-guh

Can I have a receipt?
Pode-me/Poderia (*Braz*) dar uma factura/um recibo (*Braz*),
   por favor?
*pod-muh/poh-deh-ree-ah dar oomuh faktooruh/oom heh-see-bow,
   poor fuh-vor*

Do you take credit cards?
Aceita cartões de crédito?
asay-tuh car-tow-eensh de credee-too

Could you wrap it for me?
Pode-me/Poderia (*Braz*) embrulhar isto?
pod-muh/poh-deh-ree-ah embrool-yar eeshtoo

Can I have a bag, please?
Pode-me/Poderia me dar um saco/uma sacola (*Braz*), por favor?
pod-/poh-deh-ree-ah muh dar oom sakoo/oomah sa-ko-la, poor fuh-vor

I'm just looking
Estou só a ver
shtoh soh uh vair

(*Braz*) Estou só olhando
es-toe so ah-li-an-do

I'll come back later
Volto mais tarde
voltoo mysh tard

THINGS YOU'LL SEE

agência de viagens	travel agent
banco de jornais (*Braz*)	newsagent
barato	cheap
caro	expensive
cave/subsolo (*Braz*)	basement
confecções de criança/ moda infantil (*Braz*)	children's wear
confecções de homem/ moda masculina (*Braz*)	menswear
confecções de senhora/ moda feminina (*Braz*)	women's wear
desconto	discount
drogaria	drugstore
gelataria/sorveteria (*Braz*)	ice cream shop
livraria	bookshop
loja de brinquedos	toy shop
material de escritório	office supplies
mercearia	greengrocer
moda	fashion
oferta especial	special offer
padaria	bakery
papelaria	stationer
pastelaria	cake shop
preço	price
preços reduzidos	reduced prices
pré-pagamento	pay before you eat
primeiro andar	first floor
primeiro piso	first floor
produtos alimentares	groceries

$\longrightarrow$

qualidade	quality
rés-do-chão/térreo (*Braz*)	ground floor
sapataria	shoe shop
secção/seção (*Braz*)	department
tabacaria	newsagent

THINGS YOU'LL HEAR

É favor não mexer
(*Braz*) Por favor não tocar
Please don't touch

Já foi atendido?
Are you being served?

É tudo o que temos
This is all we have

Não devolvemos o dinheiro
We cannot give cash refunds

Não tem mais pequeno?
(*Braz*) Não tem menor?
Have you anything smaller? (money)

Por favor utilize um carrinho/cesto
Please take a trolley/basket

Tenho muita pena mas não há mais
(*Braz*) Desculpe, mas está fora de estoque
I'm sorry, we're out of stock

AT THE HAIRDRESSER

In addition to ordinary hairdressers' shops, there are also
hairdressing salons to be found in all new Portuguese shopping
centres. These salons are open from 10 am to midnight all
week, including Sundays. There are only a few unisex salons.
  Most hairdressing salons in Brazil are unisex, but there are
also many traditional men's barbershops.

USEFUL WORDS AND PHRASES

appointment	a marcação/	markass_ow_ng/
	a hora marcada (Braz)	_or_-a mar-_ka_-dah
beard	a barba	b_a_rbuh
blond	louro	l_oh_-roo
brush	a escova	shk_o_vuh
comb	o pente	pent
conditioner	o creme amaciador/	krem amass-yuh-d_o_r/
	o condicionador (Braz)	con-dis-_eon_-ador
curlers	os rolos/o bobe (Braz)	r_o_loosh/bo-_bay_
curling tongs	o ferro de frisar	f_e_rroo duh freez_a_hr
curly	encaracolado	ayng-karakool_a_h-doo
dark	escuro	shk_oo_roo
fringe	a franja	fr_a_njuh
gel	o gel	jell
hair	o cabelo	kab_e_h-loo
haircut	o corte de cabelo	kort duh kab_e_h-loo
hairdresser	o cabeleireiro,	kublay-r_a_y-roo,
	a cabeleireira	kublay-r_a_y-ruh
hairdryer	o secador	seh-kad_o_r
highlights	as madeixas/	mad_a_y-shush/
	as mechas (Braz)	_may_-shas
long	comprido	kompr_ee_doo
moustache	o bigode	beeg_o_d
parting	o risco/	r_ee_shkoo/
	o repartido (Braz)	rey-pah-_te_-doh

perm	a permanente	*permanent*
shampoo	o champô/	*shampoh/*
	o shampoo (Braz)	*shampooh*
shave (verb)	barbear	*barbee-ahr*
shaving foam	a espuma de	*shpoomuh duh*
	barbear	*barbee-ahr*
short	curto	*koortoo*
wavy	ondulado	*ondoolah-doo*

I'd like to make an appointment
Queria fazer uma marcação
kree-uh fazair oomuh markassowng

(Braz) Queria marcar uma hora
kree-uh mah-car um-ah or-a

Just a trim, please
Queria só cortar as pontas, por favor
kree-uh soh koortahr ush pontush, poor fuh-vor

Not too much
Não corte muito
nowng kort mweentoo

A bit more off here, please
Corte um pouco mais aqui, por favor
kort oom poh-koo myze akee, poor fuh-vor

I'd like a cut and blow-dry
Queria cortar e fazer brushing/escova (Braz)
kree-uh koortahr ee fazair brushing/es-ko-va

I'd like a perm
Queria fazer uma permanente
kree-uh fa-se-ah oomuh permanent

THINGS YOU'LL SEE OR HEAR

barbeiro	barber
cabeleireiro/cabeleireira	hairdresser
cabeleireiro de homens/ barbeiro (*Braz*)	men's hairdresser
cabeleireiro de senhoras	women's salon
cabeleireiro unisexo/ cabeleireiro unissex (*Braz*)	unisex salon
espigado	split ends
fazer a barba	shave
fazer brushing/escova (*Braz*)	to blow-dry
laca/laquê (*Braz*)	hair spray
lavar e pentear/ lavar e fazer escova (*Braz*)	wash and set
oleoso	oily
permanente	perm
peruca	wig
salão de cabeleireiro	hairdressing salon
secar com secador de mão	to blow-dry
seco	dry
tinta	tint

SPORT

Thanks to Portugal's excellent climate, almost all outdoor sports are well catered for. The Algarve and Lisbon coasts provide especially good opportunities for swimming, water-skiing, paragliding, sailing, fishing and windsurfing. The northwest coast with its rougher sea is not so inviting.

A flag warning system operates on most beaches: red for dangerous conditions, yellow for caution and green for all clear. You may also see a blue flag, which indicates a beach meets EU standards for health and safety. It is advisable to swim within the designated areas (**zona de banhos**) where the lifeguard (**salva-vidas**) keeps an eye on the swimmers. Avoid the danger areas (**zona perigosa**). Hiring equipment poses no problem and most things are available at reasonable prices.

Golf can be played all year round at courses in the Lisbon area and at nearly all the major beach resorts. The famous Penina course in the Algarve is a championship venue and caters especially for golfing holidays. Tennis courts can be found in most places, but the majority of them belong to hotels or private clubs. Squash is rapidly becoming more popular, but again most courts belong to private organizations.

In Brazil, football is the most common sport; even the smallest village will have at least one playing field. Football and volleyball are also often played on the beach.

USEFUL WORDS AND PHRASES

athletics	o atletismo	*atleteej-moo*
badminton	o badminton	*'badminton'*
ball	a bola	*bolluh*
beach	a praia	*pry-uh*
bicycle	a bicicleta	*beesseeklettuh*
canoe	a canoa	*kanoh-uh*
deck chair	a cadeira de lona/	*kadayruh duh lonnuh/*
	a cadeira de praia (*Braz*)	*kadayruh duh-prayah*

diving board	a prancha	prang-shah
fishing	a pesca	peshkuh
fishing rod	a cana de pesca/	kah-nuh duh peshkuh/
	a vara de pesca (Braz)	va-rah duh peshkuh
flippers	as barbatanas	barbatah-nush
football	o futebol	foot-boll
football match	o jogo de futebol	joh-goh duh foot-boll
goggles	os óculos	okkooloosh
golf	o golfe	'golf'
golf course	o campo de golfe	kampoo duh golf
gymnastics	a ginástica	jeenash-tikkuh
harpoon	a espingarda	shpeengarduh
	submarina	soobmareenuh
hockey	o hóquei	okkay
jogging	o jogging	'jogging'
lake	o lago	lah-goo
mountaineering	o alpinismo	alpeeneej-moo
oxygen bottles	as garrafas de	garrah-fush dee
	oxigénio	oksee-jenyoo
pedal boat	a gaivota	gye-vottuh
racket	a raqueta/	rakettuh/
	a raquete (Braz)	rak-etche
riding	a equitação	eekeetassowng
rowing boat	o barco a remos	barkoo uh reh-moosh
run (verb)	correr	koorair
sailboard	a prancha de	pranshuh duh
	windsurf	'windsurf'
sailing	fazer vela/velejar (Braz)	fazair velluh/ve-leh-jah
sand	a areia	arayyuh
sea	o mar	mar
skate (verb)	patinar	pateenar
skates	os patins	pateensh
skin diving	mergulhar	mergool-yahr
snorkel	o respirador	rushpeerador
	aquático	akwattikoo
stadium	o estádio	shtahd-yoo

sunshade	o guarda-sol	*guahr-duh sol*
swim	nadar	*nadahr*
swimming pool	a piscina	*peesh-seenuh*
tennis	o ténis	*teneesh*
tennis court	o campo de ténis/	*kampoo duh tenneesh/*
	o campo de tênis (*Braz*)	*kampoo duh teh-nis*
tennis racket	a raqueta de ténis/	*rakettuh duh tenneesh/*
	a raquete de tênis (*Braz*)	*rak-etche teh-nis*
tent	a barraca	*ba-hak-er*
underwater	a pesca	*peshkuh*
fishing	submarina	*soobmaree-nuh*
volleyball	o voleibol	*vollay-boll*
water-skiing	o esqui aquático	*shkee akwattikoo*
water-skis	os esquis aquáticos	*shkeez akwattikoosh*
wave	a onda	*onduh*
wet suit	o fato isotérmico/	*fah-too*
		ezzootairmeekoo/
	a roupa de	*row-pah de*
	mergulho (*Braz*)	*meh-goo-low*
windsurfing	o windsurf	*'windsurf'*
yacht	o iate	*yat*

How do I get to the beach?
Como é que se vai para a praia?
koh-moo eh kuh suh vye prah pry-uh

(*Braz*) Como chego na praia?
koh-moo sheh-go nah pry-uh

Is the water very deep here?
A água aqui é muito funda?
uh ahg-wuh akee eh mweentoo foonduh

Is there an indoor/outdoor pool here?
Há aqui uma piscina coberta/ao ar livre?
ah akee oomuh peesh-seenuh koobairtuh/ow ar leevruh

Is it safe to swim here?
Pode-se nadar aqui?
pod-suh nadahr akee

Can I fish here?
Posso pescar aqui?
possoo pushkar akee

Do I need a licence?
Preciso de uma licença?
presseezoo doomuh leessensuh

I would like to hire a sunshade
Queria alugar um guarda-sol
kree-uh aloogahr oom guar-duh sol

How much does it cost per hour/day?
Quanto custa por hora/dia?
kwantoo koostuh poor oruh/poor dee-uh

I would like to take water-skiing lessons
Queria ter lições de esqui aquático
kree-uh tair leesoynsh dushkee akwattikoo

(*Braz*) Queria fazer aulas de esqui aquático
kree-uh fah-zehr aw-lahs dushkee akwattikoo

Where can I hire …?
Onde posso alugar …?
onduh possoo aloogahr

Things You'll See or Hear

aluguer dc barcos/ aluga-se barcos (*Braz*)	boat hire
aluguer de guarda-sois / aluga-se guarda-sois (*Braz*)	sunshades for hire
aluguer de gaivotas/ alugua-se pedalinho (*Braz*)	pedal boat hire
apanhar banhos de sol/ tomar sol (*Braz*)	to sunbathe
bronzeador	suntan lotion
campo de golf	golf course
campo de ténis	tennis court
clube de golfe	golf club
clube de ténis	tennis club
fazer surf	to surf
fazer vela	to sail
fazer windsurf	to windsurf
mergulhar	to go diving
montar a cavalo	to go (horse) riding
nadar	to swim
perigo	danger
pesca submarina	underwater fishing
piscina	swimming pool
piscina coberta	indoor swimming pool
primeiros socorros	first aid
proibido acampar	no camping
proibido nadar	no swimming
proibido pescar	no fishing
proibido nadar	keep out of the water
remar	to row
salva-vidas	lifeguard
surfar (*Braz*)	to surf
velajar (*Braz*)	to sail
zona balnear	swimming area
zona perigosa	danger zone

POST OFFICES AND BANKS

Post offices in Portugal can be found by looking for either the word **correios** (post office) or, more frequently, a sign with the letters **CTT** in red. Stamps can be bought in post offices, hotels and tobacconists. Letter boxes are red. Post offices are usually open between 9 am and 6 pm, although small post offices close for lunch.

Most banks are open from 8.30 am until 3 pm Monday to Friday, with some larger ones open until 6 pm. While service in banks can be slow, they do offer better exchange rates for foreign currency, Eurocheques and traveller's cheques than hotels or exchange offices. Electronic currency exchange machines, found outside most large banks and in major airports and railway stations, are also useful. Credit card cash advances can be drawn in banks and at **MB** (**Multibanco**) cash machines, which are located outside most banks. Paying by credit card is often possible in cities but should not be relied upon elsewhere.

The basic Portuguese unit of currency is the **escudo** (*shkoo-doh*), which is divided into 100 **centavos**. One thousand escudos and no centavos is written '1,000$00' and is usually referred to in speech as a **conto**, so 5,000$00 is **cinco contos**.

In Brazil, post offices can be identified by a yellow sign with the word **correios**; postboxes, too, are yellow. The Brazilian currency is the **real** (*hey-al*) – plural **reais** (*hey-ice*), which is divided into 100 **centavos**. Money can be changed at major banks, large hotels and travel agencies as well as at airports. For the best exchange rates, look for **casa de câmbio**. You can also obtain cash advances on major credit cards at most banks in the cities or at cash machines. Most banks open from Monday to Friday; exchange departments often close at 2 or 3 pm.

USEFUL WORDS AND PHRASES

airmail	o correio aéreo	*koorayoo ah-airee-oo*
bank	o banco	*bahn-coo*
banknote	a nota	*no-tuh*
cash machine	a caixa automática	*kee-shuh awtoo-ma-tee-kuh*
change (*noun*)	o troco	*troh-coo*
(*verb*)	trocar	*troo-car*
collection	a tiragem/	*teerah-jayng/*
	a coleta (*Braz*)	*kor-let-ah*
counter	o balcão	*balkowng*
credit card	o cartão de crédito	*car-twong deh credee-too*
currency exchange	o câmbio	*kamb-yoo*
customs form	o impresso de alfândega	*eempressoo duh alfandugguh*
delivery	a distribuição	*deeshtreeb-weesowng*
deposit (*noun*)	o depósito	*deh-po-zee-too*
(*verb*)	depositar	*deh-poo-zee-tar*
exchange rate	a taxa de câmbio	*tashuh deh kamb-yoo*
form	o impresso/	*eempressoo*
	o formulário (*Braz*)	*formuhlahrio*
letter	a carta	*kartuh*
letter box	o marco do correio/	*markoo doo koorayoo*
	a caixa do correio (*Braz*)	*cay-sha do cor-hay-oh*
money order	o vale postal	*val possh-tal*
post	o correio	*koorayoo*
postage rates	as tarifas postais	*tarree-fush poosh-tysh*
postal order	o vale postal	*vahl pooshtal*
postcard	o postal/	*pooshtal*
	o cartão postal (*Braz*)	*kartang pooshtal*
postcode	o código postal	*koddigoo pooshtahl*
poste restante	a posta-restante	*poshtuh rushtant*
postman	o carteiro	*kartayroo*
post office	os correios	*koorayoosh*
pound sterling	a libra inglêsa	*leebruh eengleh-zuh*

registered letter	a carta registada	*kartuh rejeeshtah-duh*
stamp	o selo	*seh-loo*
surface mail	via terrestre	*vee-uh teh-rresh-truh*
withdraw *(money)*	levantar (dinheiro)	*leh-vahn-tar deengheiroh*
withdrawal	o levantamento	*leh-vahn-tuh-mehn-too*

How much is a letter/postcard to …?
Quanto custa uma carta/um postal/cartão postal (*Braz*) para …?
kwantoo kooshtuh oomuh kartuh/oom pooshtal/kartang pooshtal par-uh

I would like three 20 escudo stamps
Queria três selos de vinte escudos
kree-uh tresh seh-loosh duh veent shkoo-doosh

(*Braz*) Queria três selos de um real
kree-uh tresh seh-loosh duh oom hay-al

I want to register this letter
Quero mandar esta carta registada
kairoo mandahr estuh kartuh rejeeshtah-duh

I want to send this parcel to …
Quero mandar esta encomenda para …
kairoo mandahr eshtuh enkoomenduh par-uh

How long does the post to … take?
Quanto tempo demora para esta carta chegar a …?
kw-on-toh tem-poh deh-mor-ah pa-ra es-tah car-ta shay-gah

Where can I post this?
Onde posso pôr isto no correio?
onduh possoo por eeshtoo noo koorayoo

Is there any mail for me?
Há algum correio para mim?
ah algoom koorayoo par-uh meeng

I'd like to send a fax
Queria mandar um fax
kree-uh mandahr oom fax

This is to go airmail
Quero mandar isto por correio aéreo
kairoo mandahr eeshtoo poor koorayoo ah-airee-oo

Could you change this into 1000-escudo notes?
Pode trocar isto em notas de mil escudos?
pod troo-car eeshtoo ayn no-tush deh meel shkoo-doosh

(Braz) Pode trocar isto em notas de dez reais?
pod troo-car eeshtoo ayn no-tush deh dez hay-ice

I'd like to cash these traveller's cheques
Queria trocar estes cheques de viagens
kree-uh troo-car esh-tsheh sheh-keh deh veea-jainsh

What is the exchange rate for the pound?
Qual é a taxa de câmbio para a libra?
kwa-leh eh uh tashuh deh cahm-bee-oo pah-ruh ah leebruh

Can I draw cash with this credit card?
Posso levantar/tirar *(Braz)* dinheiro com este cartão de crédito?
possoo leh-van-tar/tear-ah deen-hay-roo kohm eshteh car-twong deh credee-too

I'd like smaller notes
Queria notas mais pequenas
kree-uh no-tash meesh pehken-nash

(Braz) Queria notas menores
kree-uh no-tash men-or-res

THINGS YOU'LL SEE OR HEAR

banco	bank
caixa	cashier
caixa automática	cash machine
câmbio	currency exchange
carta	letter
carta expressa	express letter
código postal	postcode
correio aéreo	airmail
correios (CTT)	post office
depósitos	deposits
destinatário	addressee
direcção/endereço *(Braz)*	address
encomenda	parcel
franquia	postage
horário de abertura	opening hours
levantamentos/saques *(Braz)*	withdrawals
localidade	place, town
moeda extrangeira	foreign currency
por avião	by airmail
posta-restante	poste restante
preencher	to fill in
registos/carta registada *(Braz)*	registered mail
remetente	sender
selos	stamps
tarifas	charges
taxas de câmbio	exchange rates
telefone	telephone
tiragem/coleta *(Braz)*	collection
trocar	to change/exchange
vale postal internacional	international money order
via superfície	surface mail

COMMUNICATIONS

Telephones: New telephone boxes in Portugal are blue and orange, older ones metallic grey. Most countries can be dialled directly; codes are usually displayed inside the phone box. To call the UK, dial 0044 then omit the 0 that precedes the area code.

All post offices have telephone boxes. To make a call from one of these, you must ask at the counter for a line and pay the assistant after making the call. There are also payphones in bars and restaurants, but these cannot be used for international calls.

The tones you hear on Portuguese phones are: dialling tone – same as in UK; ringing tone – repeated long tone; engaged tone – rapid pips.

In Brazil, public telephones have distinctive conch-shaped covers – red for local calls and blue for long-distance. To operate, use **fichas** (tokens) or **cartão telefónica** (phonecards), available at newsstands.

USEFUL WORDS AND PHRASES

call *(noun)*	a chamada telefónica	*shamah-duh tulluh-fonnikuh*
(verb)	telefonar	*tulluh-foonahr*
code	o indicativo/ o código *(Braz)*	*eendeekuh-teevoo/ coh-de-go*
crossed line	as linhas cruzadas	*leenyush kroozah-dush*
dial *(verb)*	marcar/discar *(Braz)*	*markahr/dees-kahr*
dialling tone	o sinal de chamada	*seenal deh shumah-duh*
directory enquiries	as informações	*eenfoormuh-soyngsh*
email address	o endereço de email	*endeh-re-soo deh ee-mayl*
emergency	a emergência	*eemer-jenss-yuh*
extension	a extensão	*eeshtensowng*
international call	a chamada internacional	*shamah-duh eenternass-yoonal*
number	o número	*noomeroo*

operator	a telefonista	*tulluh-foon__ee__shtuh*
payphone	o telefone público/	*tulluh-fonn p__oo__blikoo/*
	o orelhaõ (*Braz*)	*oh-reh-lee-aw*
push-button	o telefone	*tulluh-f__o__nn*
telephone	automático	*owto-m__a__ttikoo*
receiver	o auscultador/	*owshkooltuh-d__o__r/*
	o monofone (*Braz*)	*mo-noh-foh-nee*
reverse charge	a chamada paga	*sham__a__h-duh p__a__h-guh*
call	no destinatário/	*noo dushteenat__a__r-yoo/*
	a chamada a cobrar (*Braz*)	*sha-__mah__-da ah __ko__-bra*
telephone	o telefone	*tulluh-f__o__nn*
telephone box	a cabina telefónica/	*kab__ee__nuh tulluh-*
		f__o__nnikuh/
	o orelhaõ (*Braz*)	*oh-reh-lee-aw*
telephone	a lista telefónica/	*l__ee__shtuh tulluh-*
directory	a lista telefônica (*Braz*)	*f__o__nnikuh/lees-tah*
		teh-leh-__foh__-nee-ka

Where is the nearest phone box?
Onde fica a cabina telefónica/o orelhaõ(*Braz*) mais próxima?
__o__nduh f__ee__kuh uh kab__ee__nuh tulluh-f__o__nnikuh/oo oh-reh-lee-aw mysh pr__o__ssimuh

Hello, this is … speaking
Está, é o/a …
shtah, eh oo/uh

(*Braz*) Alõ, aqui é o/a …
ah-__low__, a-key __eh__ oh/ah

Is that …?
É o/a …?
eh oo/uh

I would like to speak to …
Queria falar com …
kr__ee__-uh fal__a__hr kong

90

Speaking
É o próprio *(said by man)*
eh oo propree-oo

É a própria *(said by woman)*
eh uh propree-uh

(Braz) É ele *(said by man)*
eh er-lee

(Braz) É ela *(said by woman)*
eh er-la

Extension ..., please
Extensão/Ramal *(Braz)* ... por favor
eeshtensowng/Rah-mawl ... poor fuh-vor

Please tell him ... called
Faz favor de dizer que telefonou o/a ...
fash fuh-vor duh deezair kuh tulluh-foonoh oo/uh

Ask him to call me back, please
Faz favor de lhe dizer para me telefonar
fash fuh-vor dul-yuh deezair paruh muh tulluh-foonahr

My number is ...
O meu número de telefone é o ...
oo meh-oo noomeroo duh tulluh-fonn eh oo

Do you know where he is?
Sabe onde é que ele está?
sahb ondee eh kee ehl shtah

When will he be back?
Quando é que ele regressa/volta *(Braz)*?
kwandoo eh kee ehl regressuh/vol-ta?

Could you leave him a message?
Pode-lhe deixar um recado?
podl-yuh dayshahr oom rekah-doo

Sorry, I've got the wrong number
Desculpe, enganei-me no número
dushkoolp, enganay-muh noo noomeroo

(Braz) Desculpe, foi engano
dushkoolp, foy en-gah-noh

I'll ring back later
Volto a telefonar mais tarde
voltoo uh tulluh-foonar mysh tard

Is there a telephone directory?
Tem uma lista telefónica/telefônica *(Braz)*?
tayng oomuh leeshtuh tulluh-fonnikuh/teh-leh-foh-nee-ka

I would like the directory for …
Queria a lista telefónica/telefônica *(Braz)* de …
kree-uh uh leeshtuh tulluh-fonnikuh/teh-leh-foh-nee-ka duh

Can I call abroad from here?
Posso telefonar daqui para o estrangeiro/exterior *(Braz)*?
possoo tulluh-foonahr dakee proh shtran-jayroo/ex-teh-re-or

How much is a call to …?
Quanto custa uma chamada para …?
kwantoo kooshtuh oomuh shamah-duh par-uh

I would like to reverse the charges
Queria que a chamada fosse paga no destinatário
kree-uh kee uh shamah-duh foss pah-guh noo dushteenatar-yoo

(Braz) Queria que a chamada fosse a cobrar
kree-uh kee uh shamah-duh foss ah coh-bra

I would like a number in …
Queria um número em …
kree-uh oom noomeroo ayng

How do I get an outside line?
Como posso obter ligação ao exterior?
komoo possoo obtehr leegah-ssowng au esh-teh-ree-or

What's your fax number/email address?
Qual é o seu número de fax/endereço de email?
kwal eh oo she-oo noo-meyro deh fax/endeh-re-soo deh ee-mayl

Did you get my fax/email?
Recebeu o meu fax/email?
reh-she-beu oo meh-oo fax/ee-mayl

Can I send an email/fax from here?
Posso enviar um email/um fax daqui?
possoo envee-ahr oom ee-mayl/man-dahr oom fax duh-kee

Can I use the fax machine/photocopier?
Posso usar o fax/a fotocopiadora/máquina de Xérox® (*Braz*)?
possoo oozarh oo fax/ah foto-ko-pee-ah-do-uh/mahkeenah deh sherox

---

THINGS YOU'LL SEE

112 – emergências (*Portugal only*)	emergency number
190 – (*police, Brazil only*)	
192 – (*ambulance, Brazil only*)	
193 – (*fire, Brazil only*)	
avariado/não funciona (*Braz*)	out of order
cabina telefónica	telephone box
cartão telefónico	phonecard
chamada internacional	international call
chamada interurbana	long-distance call
chamada local	local call
correio electrónico	email
endereço de email	email address
fax	fax machine

→

fotocopiadora/ **máquina de Xérox®** (*Braz*)	photocopier
indicativo/código (*Braz*)	code
informações	enquiries
orelhaõ (*Braz*)	telephone box
página na internet/web site (*Braz*)	Web site
serviço automático	direct dialling
serviço internacional	international calls
tarifas	charges
telefone	telephone
telemóvel/cellular (*Braz*)	mobile phone

THINGS YOU'LL HEAR

Com quem quer falar?
Whom would you like to speak to?

Quem fala?
Who's speaking?

De que número fala?
What is your number?

Desculpe, mas ele não está
(*Braz*) **Sinto muito, mas ele não está**
Sorry, he's not in

Ele vem/volta (*Braz*) **às … horas**
He'll be back at … o'clock

Volte a telefonar amanhã, por favor
Please call again tomorrow

Eu digo-lhe que telefonou
I'll tell him you called

HEALTH

In Portugal, there are state-run hospitals and private hospitals.
Private hospitals and clinics are very expensive and not as well
equipped as state-run hospitals. If you go privately, always ask
the price first. In case of emergency, ask to be taken to the
serviço de urgências or **pronto socorro** (casualty). There are
reciprocal arrangements between Portugal and Britain for free
medical treatment.

Medicines and drugs are only available from chemists
(**farmácias**), which are open from 9 am to 1 pm and 3 pm
to 7 pm. If the chemist you visit is closed, there will be a
notice on the door giving the address of the duty chemist
(**farmácia de serviço**).

Useful Words and Phrases

accident	o acidente	asseed*e*nt
ambulance	a ambulância	amboola*nss-yuh
anaemic	anémico	an*e*mmikoo
appendicitis	a apendicite	apendee-s*ee*t
appendix	o apêndice	ap*e*ndeess
aspirin	a aspirina	ashpeer*ee*nuh
asthma	a asma	*a*jmuh
backache	a dor nas costas	dor nush k*o*shtush
bandage	a ligadura/	leegad*oo*ruh/
	a atadura *(Braz)*	*a*ta-doo-rah
bite *(verb)*	morder, picar	mor*deh*r peck*ar*
(noun)	mordida	mor*dee*-duh
(by insect)	a picada	peek*ah*-duh
bladder	a bexiga	besh*ee*guh
blister	a bolha	b*o*lyuh
blood	o sangue	s*a*nguh
blood donor	o dador/o doador	d*a*dor/d*oh*-ah-door
	(Braz) de sangue	duh s*a*nguh
burn	a queimadura	kaymad*oo*ruh

cancer	o cancro/	_ka_nkroo/
	o câncer (Braz)	_kan_-sah
chemist (*shop*)	a farmácia	farm_a_ss-yuh
chest	o peito	_pay_too
chickenpox	a varicela/	varee_s_elluh/
	a catapora (Braz)	ka-tah-_porr_-ah
cold	a constipação/	kohnshteepass_o_wng/
	o resfriado (Braz)	hes-free-_ah_-doh
concussion	o traumatismo/	trowmate_ej_mo/
	a concussão (Braz)	con-coo-_sowng_
constipation	a prisão de	preez_o_wng duh
	ventre	_v_entruh
contact lenses	as lentes de contacto	lentsh duh kont_a_ktoo
corn	o calo	_ka_loo
cough	a tosse	toss
cut	o golpe/	golp/
	o corte (Braz)	_kor_-chee
dentist	o dentista	dent_ee_shtuh
diabetes	os diabetes	dee-ab_e_tsh
diarrhoea	a diarreia	dee-arr_a_yuh
dizzy	estonteado/	shtontee-_a_h-doo/
	tonto (Braz)	_ton_-toh
doctor	o médico	m_e_ddeekoo
earache	a dor de ouvidos	dor dee oh-v_ee_doosh
fever	a febre	_f_ebruh
filling	o chumbo	sh_oo_mboo
first aid	os primeiros	preem_a_y-roosh
	socorros	sook_o_rroosh
flu	a gripe	greep
fracture	a fractura/	frakt_oo_ruh/
	a fratura (Braz)	frah-_tu_-rah
German measles	a rubéola	roob_e_h-oolluh
glasses	os óculos	_o_kkooloosh
haemorrhage	a hemorragia	emmoorah-_jee_-uh
hay fever	a febre dos fenos	_f_ebruh doosh
		_f_eh-noosh

headache	a dor de cabeça	*dor duh kabeh-suh*
heart	o coração	*koorassowng*
heart attack	o enfarte	*ayng-fart*
hospital	o hospital	*oshpeetal*
ill	doente	*doo-ent*
indigestion	a indigestão	*eendeejesshtowng*
injection	a injecção/	*eenjessowng/*
	a injeção (Braz)	*in-jer-sowng*
itch	a comichão/	*koomee-showng/*
	a coceira (Braz)	*ko-say-ra*
kidney	o rim	*reeng*
lump	o caroço	*ka-roh-so*
measles	o sarampo	*sarampoo*
migraine	a enxaqueca	*enshakekkuh*
mumps	a papeira	*papay-ruh*
nausea	as náuseas	*now-zee-ush*
nurse	a enfermeira	*emfermay-ruh*
operation	a operação	*operassowng*
optician	o oculista	*okooleeshtuh*
pain	a dor	*dor*
penicillin	a penicilina	*penee-seeleenuh*
plaster	o penso adesivo/	*peng-soo adezeevoo/*
	o esparadrapo (Braz)	*es-pah-rah-dra-poh*
pneumonia	a pneumonia	*pneh-oomoonee-yuh*
pregnant	grávida	*gravviduh*
prescription	a receita	*russay-tuh*
rheumatism	o reumatismo	*reh-oo-mateejmoo*
scald	a queimadura	*keymadooruh*
scratch	o arranhão	*arran-yowng*
smallpox	a varíola	*varee-olluh*
sore throat	a dor de garganta	*dor duh gargantuh*
splinter	a farpa	*fah-pa*
sprain	a distenção	*deeshtensowng*
sting	a picada	*peekah-duh*
stomach	o estômago	*shtoh-magoo*
temperature	a temperatura	*temperatooruh*

tonsils	as amígdalas	am<u>ee</u>gduh-lush
toothache	a dor de dentes	dor duh dentsh
travel sickness	o enjoo de viagem	enj<u>oh</u>-oo duh vee-<u>ah</u>-jayng
ulcer	a úlcera	<u>oo</u>lseruh
vaccination	a vacinação	vasseenass<u>o</u>wng
vomit *(verb)*	vomitar	voomee-t<u>a</u>r
whooping	a tosse convulsa/	toss conv<u>oo</u>lsuh/
cough	a tosse de cachorro (Braz)	toss deh ka-<u>show</u>-ro

I have a pain in …
Dói-me …
d<u>oy</u>-muh

I do not feel well
Não me sinto bem
nowng muh s<u>ee</u>ntoo bayng

I feel faint
Sinto que vou desmaiar
s<u>ee</u>ntoo kuh voh duj-my-<u>a</u>r

I feel sick
Estou agoniado/enjoado (Braz)
shtoh agoonee-<u>a</u>h-doo/en-jow-<u>adoh</u>

I feel dizzy
Sinto tonturas
s<u>ee</u>ntoo-tont<u>oo</u>r-ush

It hurts here
Dói-me aqui
d<u>oy</u>-muh ak<u>ee</u>

(Braz) Me doi aqui
Muh-doy ak<u>ee</u>

It's a sharp pain
É uma dor aguda
eh <u>oo</u>muh dor ag<u>oo</u>duh

It's a dull pain
É uma moinha/dor leve *(Braz)*
eh <u>oo</u>muh moo-<u>een</u>-yuh/dohr <u>leh</u>vee

It hurts all the time
Dói-me sempre
d<u>oy</u>-muh s<u>e</u>mpruh

(Braz) Não para de doer
nowng <u>pah</u>-rah dee dou-er

It only hurts now and then
Dói-me só de vez em quando
d<u>oy</u>-muh soh duh vez ayng kw<u>a</u>ndoo

(Braz) Só doi de vez em quando
<u>soh</u> duh deh vez ayng kw<u>a</u>ndoo

It hurts when you touch it
Dói-me quando lhe toca
d<u>oy</u>-muh soh kw<u>a</u>ndool-yuh t<u>o</u>kkuh

(Braz) Só doi quando você encosta
so d<u>oy</u> kwan-do voh-sseh en-cos-tah

It hurts more at night
Dói-me/Me doi *(Braz)* mais à noite
d<u>oy</u>-muh/Muh doy myz ah noyt

It stings
Arde-me/Arde *(Braz)*
<u>a</u>rd-muh/ardeh

99

It aches
Dói-me/Está doendo (*Braz*)
doy-muh/Eh-stah doh-ehn-doh

I have a temperature
Tenho febre
tenyoo februh

I need a prescription for …
Preciso duma receita para …
presseezoo doomuh russay-tuh par-uh

I normally take …
Normalmente tomo …
noormalment toh-moo

I'm allergic to …
Sou alérgico a …
soh alairjikkoo uh

Have you got anything for …?
Tem alguma coisa para …?
tayng algoomuh koyzuh par-uh

Do I need a prescription for …?
Preciso duma receita para …?
presseezoo doomuh russay-tuh par-uh

I'm … months pregnant
Estou grávida de … meses
shtoh gra-vee-dah deh … meha-zsh

Can you take these if you're pregnant/breastfeeding?
Posso tomar estes comprimidos se estiver grávida/a amamentar/
amamentando (*Braz*)?
possoo too-mahr estsh kongpree-mee-doosh she esh-tee-vehr gra-vee-dah/ah ah-mah-meng-tahr/ah-mah-men-tahn-doh

I have lost a filling
Caiu-me um chumbo
kay<u>oo</u>-muh oom sh<u>oo</u>mboo

(Braz) Perdi uma obturação
per-dey <u>oo</u>mah ob-too-ras-<u>ow</u>ng

THINGS YOU'LL HEAR

Tome … pílulas/comprimidos de cada vez
Take … pills/tablets at a time

Com água
With water

Mastigue-os
Chew them

Uma vez/duas vezes/três vezes ao dia
Once/twice/three times a day

Só quando se deitar
Only when you go to bed

O que é que geralmente toma?
What do you normally take?

Eu acho que devia consultar um médico
I think you should see a doctor

Tenho muita pena, mas não temos isso
(Braz) Sinto muito, mas não temos isso
I'm sorry, we don't have that

Para isso precisa duma/de uma *(Braz)* receita
For that you need a prescription

THINGS YOU'LL SEE OR HEAR

abcesso/abscesso (*Braz*)	abscess
ambulância-112	ambulance
ambulância-192 (*Brazil only*)	
análise/exame (*Braz*) de sangue	blood tests
chumbo/obturação (*Braz*)	filling
clínica	clinic
consulta	appointment
dentista	dentist
doutor	doctor
emergências (*Braz*)	emergencies
exames	tests
farmácia de serviço	duty chemist
horário das consultas	surgery hours
infectado/ inflamado (*Braz*)	septic
injecção/injeção (*Braz*)	injection
médico	doctor
oculista	optician
óculos	glasses
otorrinolaringologista	ear, nose and throat specialist
penso curativo	dressing
posto de enfermagem	first-aid centre
pronto socorro	first-aid centre
pressão arterial	blood pressure
radiografia	X-ray
receita	prescription
serviço de urgências	casualty
serviço permanente/ aberto 24 horas (*Braz*)	open 24 hours
urgências	emergencies
vacina	vaccine

CONVERSION TABLES

DISTANCES

A mile is 1.6 km. To convert kilometres to miles, divide the km by 8 and multiply by 5. Convert miles to km by dividing the miles by 5 and multiplying by 8.

miles	0.62	1.24	1.86	2.48	3.11	3.73	4.35	6.21
miles *or* **km**	1	2	3	4	5	6	7	10
km	1.61	3.22	4.83	6.44	8.05	9.66	11.27	16.10

WEIGHTS

The kilogram is equivalent to 2 lb 3 oz. To convert kg to lbs, divide by 5 and multiply by 11. One ounce is about 28 grams, and eight ounces about 227 grams; 1 lb is therefore about 454 grams.

lbs	2.20	4.41	6.61	8.82	11.02	13.23	19.84	22.04
lbs *or* **kg**	1	2	3	4	5	6	9	10
kg	0.45	0.91	1.36	1.81	2.27	2.72	4.08	4.53

TEMPERATURE

To convert Celsius degrees into Fahrenheit, the accurate method is to multiply the °C figure by 1.8 and add 32. Similarly, to convert °F to °C, subtract 32 from the °F figure and divide by 1.8.

°C	-10	0	5	10	20	30	36.9	40	100
°F	14	32	41	50	68	86	98.4	104	212

LIQUIDS

A litre is about 1.75 pints; a gallon is roughly 4.5 litres.

gals	0.22	0.44	1.10	2.20	4.40	6.60	11.00
gals *or* **litres**	1	2	5	10	20	30	50
litres	4.54	9.10	22.73	45.46	90.92	136.40	227.30

TYRE PRESSURES

lb/sq in	18	20	22	24	26	28	30	33
kg/sq cm	1.3	1.4	1.5	1.7	1.8	2.0	2.1	2.3

CLOTHING SIZES

Slight variations in sizes, let alone European equivalents of UK/USA sizes, will be found everywhere so be sure to check before you buy. The following tables are approximate:

Women's dresses and suits

UK	10	12	14	16	18	20
Europe	36	38	40	42	44	46
USA	8	10	12	14	16	18

Men's suits and coats

UK/USA	36	38	40	42	44	46
Europe	46	48	50	52	54	56

Women's shoes

UK	4	5	6	7	8
Europe	37	38	39	41	42
USA	5½	6½	7½	8½	9½

Men's shoes

UK/USA	7	8	9	10	11
Europe	41	42	43	44	45

Men's shirts

UK/USA	14	14½	15	15½	16	16½	17
Europe	36	37	38	39	41	42	43

Women's sweaters

UK/USA	32	34	36	38	40
Europe	36	38	40	42	44

Waist and chest measurements

Inches	28	30	32	34	36	38	40	42	44	46
Cms	71	76	80	87	91	97	102	107	112	117

MINI-DICTIONARY

about: about 16 cerca de
dezasseis/dezesseis (*Braz*)
accelerator o acelerador
accident o acidente
accommodation o alojamento
ache a dor
adaptor o adaptador eléctrico
address a morada/o endereço (*Braz*)
adhesive o adesivo
admission charge o preço de admissão/
a entrada (*Braz*)
after depois
aftershave loção pana a barba/
loção de barbear (*Braz*)
again outra vez
against contra
air o ar
air conditioning o ar condicionado
aircraft o avião
air freshener o desodorizante de
ambiente/o purificador de ar (*Braz*)
air hostess a hospedeira do ar/
a aeromoça (*Braz*)
airline a companhia aérea
airport o aeroporto
alcohol o álcool
all tudo
that's all é tudo
all the streets todas as ruas
allowed permitido
almost quase
alone só
already já
always sempre
am: I am eu sou
ambulance a ambulância
America a América
American americano/a (*m/f*)

and e
ankle o tornozelo
anorak o anoraque/o agasalho (*Braz*)
another outro
answering machine o atendedor de
chamadas/atendedor automático/
a secretária-electrónica (*Braz*)
antifreeze o anticongelante
antiques shop a loja de antiguidades
antiseptic o antiséptico
anything: do you have anything?
tem alguma coisa?
appendicitis a apendicite
appetite o apetite
apple a maçã
application form a ficha de inscrição
appointment a marcação/
a hora marcada (*Braz*)
apricot o damasco
are: you are (*sing. polite*)
(*to man*) o Senhor é
(*to woman*) a Senhora é
(*sing. familiar*) tu és
(*plural polite*) os Senhores/
as Senhoras são
(*plural familiar*) vocês são
we are somos
they are eles são
arm o braço
art a arte
art gallery a galeria de arte
artist o artista
as: as soon as possible
o mais depressa possível
ashtray o cinzeiro
asleep a dormir
he's asleep ele está a dormir/
dormindo (*Braz*)

105

aspirin a aspirina
at: at the post office nos correios
  at night à noite
  at 3 o'clock às três horas
attractive atraente
aunt a tia
Australia a Austrália
Australian australiano/a *(m/f)*
Austria a Áustria
Austrian austríaco/a *(m/f)*
automatic automático
away: is it far away? é longe?
  go away! vá-se embora!
awful horrível
axle o eixo

baby o bebé/o bebê *(Braz)*
back *(not front)* a parte posterior
  (of body) as costas
bacon o bacon
  bacon and eggs bacon com ovos
bad mau
bait a isca
bake assar
baker o padeiro
balcony a varanda
ball a bola
  (dance) o baile
ballpoint pen a esferográfica
banana a banana
band *(musicians)* a banda
bandage a ligadura/a atadura *(Braz)*
bank o banco
banknote a nota
bar o bar
  bar of chocolate a barra de chocolate
barbecue o churrasco
barber's o barbeiro
bargain a pechincha
basement a cave/o subsolo *(Braz)*
basin o alguidar/a pia *(Braz)*
  (sink) o lavatório

basket o cesto/a cesta *(Braz)*
bath o banho
  have a bath tomar banho
bathroom a casa de banho/
  o banheiro *(Braz)*
bath salts os sais de banho
battery *(car)* a bateria
  (torch) a pilha
beach a praia
beans os feijões
  green beans os vágem
beard a barba
because porque
bed a cama
bed linen a roupa de cama
bedroom o quarto
beef a carne de vaca
beer a cerveja
before antes
beginner o principiante
behind atrás
beige beige
Belgian belga
Belgium a Bélgica
bell *(church)* o sino
  (door) a campaínha
below abaixo
belt o cinto
beside junto de/do lado *(Braz)*
best o melhor
better melhor
between entre
bicycle a bicicleta
big grande
bikini o bikini
bill a conta
bin liner o saco do lixo
bird o pássaro
birthday o dia de anos/
  o aniversário *(Braz)*
  happy birthday! Parabéns!
birthday card o cartão de aniversário
biscuit a bolacha

bite *(verb)* morder, picar
  (gen) mordida
  (insect/snake) picada
bitter amargo
black preto
blackberry a amora
blanket o cobertor
bleach *(verb)* descolorar/descolorir *(Braz)*
  (noun) a lexívia/a água sanitária *(Braz)*
blind *(cannot see)* cego
  (on window) a persiana
blister a bolha
blood o sangue
blouse a blusa
blue azul
boat o barco
body o corpo
boil ferver
bolt *(verb)* trancar
  (on door) a fechadura
bone o osso
  (fish) a espinha de peixe
bonnet *(car)* a capota/o capô *(Braz)*
book *(noun)* o livro
  (verb) reservar
booking office a bilheteira/bilheteria *(Braz)*
bookshop a livraria
boot *(car)* o porta bagagens/ o porta malas *(Braz)*
  (footwear) a bota
border a fronteira
boring aborrecido/chato *(Braz)*
born: I was born in … eu nasci em …
both ambos
  both of them ambos
  both of us nós os dois/nós dois *(Braz)*
  both … and … tanto … como …
bottle a garrafa
bottle opener o abre-garrafas/ o abridor de garrafas *(Braz)*

bottom o fundo
bowl a tigela
box a caixa
boy o rapaz
boyfriend o namorado
bra o soutien
bracelet a pulseira
braces os suspensórios
brake *(noun)* o travão/o freio *(Braz)*
  (verb) travar/frear *(Braz)*
brandy o brandy
Brazil o Brasil
Brazilian brasileiro/a *(m/f)*
bread o pão
breakdown *(car)* a avaria/enguiçar *(Braz)*
  (nervous) o esgotamento nervoso/ a crise nervosa *(Braz)*
breakfast o pequeno almoço/ o café da manhã *(Braz)*
breathe respirar
  I can't breathe não posso/ não consigo respirar *(Braz)*
bridge a ponte
briefcase a pasta
British britânico
brochure o folheto
broken partido/quebrado *(Braz)*
  broken leg a perna partida/ quebrada *(Braz)*
brooch o broche
brother o irmão
brown castanho
bruise o hematoma/a contusão *(Braz)*
brush *(noun)* a escova
  (paint) o pincel
  (verb) escovar
bucket o balde
building o edifício
bull o touro
bullfight a tourada
bullfighter o toureiro
bumper o pára-choques
burglar o gatuno/o ladrão *(Braz)*

burn (*verb*) queimar
   (*noun*) a queimadura
bus o autocarro
business o negócio
  it's none of your business
  não tem nada com isso
bus station a estação de
  autocarros/a rodoviária (*Braz*)
bus stop a paragem do autocarro/
  o ponto de ônibus (*Braz*)
busy (*occupied*) ocupado
  (*street*) movimentado
but mas
butcher o talho/o açougue (*Braz*)
butter a manteiga
button o botão
buy comprar
by: by Friday na Sexta-Feira
  by myself sozinho
  by the window perto da janela

cabbage a couve/o repolho (*Braz*)
cable car o teleférico
cable TV a tv por cabo
café o café
cagoule o impermeável de nylon/
  o casaco de nailon (*Braz*)
cake o bolo
cake shop a pastelaria/o confeitaria (*Braz*)
calculator a calculadora
call: what's it called? como é que
  se diz?
camera a máquina fotográfica
campsite o parque de campismo
can (*tin*) a lata
  can I …? posso …?
  can I have …? pode-me dar …?
Canada o Canadá
Canadian Canadiano/Canadense (*Braz*)
canal o canal
cancer o cancro/o câncer (*Braz*)
candle a vela

canoe a canoa
cap o boné
car o carro
caravan a rulotte/o trailer (*Braz*)
carburettor o carburador
card o cartão
cardigan o casaco de malha
careful cuidadoso
  careful! cuidado!
car park o parque de estacionamento/
  o estacionamento (*Braz*)
carpet a carpete/o carpete (*Braz*)
carriage (*train*) a carruagem
carrot a cenoura
carrycot o porta-bebé
car seat (*for a baby*) o acento para
  bébé/o assento para a bebê (*Braz*)
case a mala
cash o dinheiro
  (*change*) o troco
  pay cash pagar em dinheiro
cassette a cassette/a fita-cassete (*Braz*)
cassette player o leitor de cassettes/
  o toca-fitas (*Braz*)
castle o castelo
cat o gato
cathedral a catedral
cauliflower a couve-flor
cave a gruta
cemetery o cemitério
centre o centro
certificate o certificado
chair a cadeira
chambermaid a criada de quarto/
  a arrumadeira (*Braz*)
chamber music a música de câmara
change (*clothes*) mudar de roupa
  (*money*) trocar
Channel o canal da Mancha
cheap barato
cheers! (*toast*) saúde!
cheese o queijo
chemist (*shop*) a farmácia

cheque o cheque
chequebook o livro/o talão (Braz) de cheques
cheque card o cartão de crédito
cherry a cereja
chess o xadrez
chest o peito
chewing gum a pastilha elástica/ o chiclete (Braz)
chicken o frango
child a criança
children as crianças
china a porcelana
China a China
Chinese chinês/chinesa (m/f)
chips as batatas fritas
chocolate o chocolate
  a box of chocolates uma caixa de chocolates
chop (food) a costeleta
  (to cut) cortar
Christian name o nome próprio
church a igreja
cigar o charuto
cigarette o cigarro
cinema o cinema
city a cidade
city centre o centro da cidade
class a classe
classical music a música clássica
clean limpo
clear claro
  is that clear? compreende?
clever esperto
clock o relógio
  (alarm) o despertador
close (near) perto
  (stuffy) abafado
  (verb) fechar
  the shop is closed a loja está fechada
clothes a roupa
club o clube
  (cards) o naipe de paus

clutch a embraiagem/ a embreagem (Braz)
coach o autocarro/o ônibus (Braz)
  (of train) a carruagem/o vagão (Braz)
coach station a estação dos autocarros/ a estação rodoviária (Braz)
coat o casaco
coat hanger o cabide
cockroach a barata
coffee o café
coin a moeda
cold (illness) a constipação/ o resfriado (Braz)
  (adj) frio
collar a gola/a colarinho (Braz)
collection (stamps etc) a colecção/ a coleção (Braz)
  (postal) a tiragem/a coleta (Braz)
colour a cor
colour film o rolo de fotografias a cores/o filme colorido (Braz)
comb (noun) o pente
  (verb) pentear
come vir
  I come from ... eu sou de ...
  we came last week nós viemos a semana passada
compartment o compartimento
complicated complicado
concert o concerto
conditioner (hair) o creme amaciador/ o condicionador (Braz)
conductor (bus) o condutor/ o motorista (Braz)
  (orchestra) o maestro
congratulations! parabéns!
constipation a prisão de ventre
consulate o consulado
contact lenses as lentes de contacto
contraceptive o contraceptivo/ o anticoncepcional (Braz)
cook (noun) o cozinheiro
  (verb) cozinhar

cooking utensils os utensílios de cozinha
cool fresco
cork a rolha
corkscrew o saca-rolhas
corner (in room) o canto
   (of street) a esquina
corridor o corredor
cosmetics os cosméticos
cost (verb) custar
   what does it cost? quanto é que custa?
cot a cama de bebé/o berço (Braz)
cotton o algodão
cotton wool o algodão hidrófilo
cough (verb) tossir
   (noun) a tosse
could: could you …? podia …?
council o conselho
country (state) o país
   (not town) o campo
cousin (male) o primo
   (female) a prima
crab o caranguejo
cramp a cãimbra
crayfish o lagostim
cream as natas
   (for skin) o creme
credit card o cartão de crédito
crew a tripulação
crisps as batatas fritas
crowded apinhado/lotado (Braz)
cruise o cruzeiro
crutches as muletas
cry (weep) chorar
   (shout) gritar
cucumber o pepino
cuff links os botões de punho/
   as abotoaduras (Braz)
cup a chávena/a xícara (Braz)
cupboard o armário
curlers os rolos/os bobes (Braz)
curls os caracóis
curry o caril/o 'curry' (Braz)

curtain a cortina
customs a Alfândega
cut (noun) o golpe/o corte (Braz)
   (verb) cortar

dad o papá/o papai (Braz)
dairy (shop) a leitaria
damp húmido
dance dançar
dangerous perigoso
dark escuro
daughter a filha
day o dia
dead morto
deaf surdo
dear caro
deck chair a cadeira de convés
deep fundo
deliberately de propósito
dentist o dentista
dentures a dentadura postiça
deny negar
   I deny it eu nego isso
deodorant o desodorizante/
   o desodorante (Braz)
department store os grandes armazéns/
   a loja de departamentos (Braz)
departure a partida
develop (grow) desenvolver
   (a film) revelar
diamond (jewel) o diamante
   (cards) o naipe de ouros
diarrhoea a diarreia
diary a agenda
dictionary o dicionário
die morrer
diesel o gasóleo/o diesel (Braz)
different diferente
   that's different isso é diferente
   I'd like a different one queria
   outro diferente
difficult difícil

dining car a carruagem restaurante/
o vagão restaurante *(Braz)*
dining room a sala de jantar
directory *(telephone)* a lista
telefónica/telefônica *(Braz)*
dirty sujo
disabled deficiente
disposable nappies as fraldas
descartáveis
distributor *(car)* o distribuidor
dive mergulhar
diving board o prancha
divorced divorciado
do fazer
doctor o médico
document o documento
dog o cão
doll a boneca
dollar o dólar
door a porta
double room o quarto de casal
doughnut a bola de Berlim/
o sonho *(Braz)*
down em baixo
drawing pin o pionés/
a tacha *(Braz)*
dress o vestido
drink *(verb)* beber
(noun) a bebida
would you like a drink? quer uma
bebida?
drinking water a água potável
drive *(verb: car)* conduzir/dirigir *(Braz)*
driver o condutor/o motorista *(Braz)*
driving licence a carta de condução/
a carteira de motorista *(Braz)*
drunk bêbado/bêbedo *(Braz)*
dry seco
dry cleaner a limpeza a seco
dummy *(for baby)* a chupeta
during durante
dustbin o caixote de lixo/
a lata de lixo *(Braz)*

duster o pano do pó/
o espanador de pó *(Braz)*
Dutch holandês/holandesa *(m/f)*
duty-free duty-free
duty-free shops lojas francas/lojas de
duty free *(Braz)*

each cada
two escudos each dois escudos cada
early cedo
earrings os brincos
ears as orelhas
east o este
easy fácil
egg o ovo
either: qualquer
either of them um qualquer/
qualquer um *(Braz)*
either … or … ou … ou …
elastic elástico
elastic band o elástico
elbows os cotovelos
electric eléctrico
electricity a electricidade
else: someone else outra pessoa
something else outra coisa
somewhere else outro lugar
email o correio electrónico/o email
email address o endereço de email
embarrassing embaraçoso
embassy a embaixada
embroidery o bordado
emerald a esmeralda
emergency a emergência
emergency cord o sinal de alarme
empty vazio
end o fim
engaged *(occupied)* ocupado
I'm engaged eu estou noivo
engine *(motor)* o motor
(railway) a locomotiva
England a Inglaterra

English inglês
Englishman o inglês
Englishwoman a inglesa
enlargement a ampliação
enough suficiente
entertainment o divertimento/
a diversão (*Braz*)
entrance a entrada
envelope o envelope
escalator a escada rolante
especially especialmente
evening a noite
every cada
everyone toda a gente/
todo o mundo (*Braz*)
everything tudo
everywhere em toda a parte
example o exemplo
for example por exemplo
excellent excelente
excess baggage o excesso de
bagagem
exchange (*verb*) trocar
exchange rate a taxa de câmbio
excursion a excursão
excuse me! desculpe!
(*to get attention*) se faz favor!/
faz favor! (*Braz*)
(*to get past*) com licença
exit a saída
expensive caro
extension lead a extensão
eye drops as gotas para os olhos
eyes os olhos

face a cara
faint (*unclear*) vago
(*verb*) desmaiar
to feel faint sentir-se desfalecer
fair (*funfair*) a feira
(*just*) justo
it's not fair não é justo

false teeth a dentadura postiça
family a família
fan (*ventilator*) a ventoínha/
o ventilador (*Braz*)
(*enthusiast*) o adepto/o fã (*Braz*)
fan belt a correia da ventoínha/
do ventilador (*Braz*)
fantastic fantástico
far longe
fare (*bus*) o preço (da passagem)
farm a quinta/a fazenda (*Braz*)
farmer o lavrador/o fazendeiro (*Braz*)
fashion a moda
fast rápido
fat (*person*) gordo
(*on meat etc*) a gordura
father o pai
fax machine o fax
feel (*touch*) tocar
I feel hot tenho calor
I feel like … apetece-me …
I don't feel well não me sinto bem
feet os pés
felt-tip a caneta de feltro
ferry (*small*) o ferry-boat
fever a febre
fiancé o noivo
fiancée a noiva
field o campo
fig o figo
filling (*tooth*) o chumbo/
a obturação (*Braz*)
film o filme
filter o filtro
finger o dedo
fire o lume/o fogo (*Braz*)
(*blaze*) o incêndio
(*heater*) o aquecedor
fire extinguisher o extintor
firework o fogo de artifício
first primeiro
first aid os primeiros socorros
first floor o primeiro andar

fish o peixe
fishing a pesca
  go fishing ir à pesca
fishing rod a cana de pesca/
  a vara de pescar (*Braz*)
fishmonger a peixaria
fizzy gasoso
flag a bandeira
flash (*camera*) o flash
flat (*level*) plano
  (*apartment*) o apartamento
flavour o sabor
flea a pulga
flight o vôo
flip-flops as chinelas de meter o dedo/
  os chinelos (*Braz*)
flippers as barbatanas
floor o chão
  (*storey*) o andar
flour a farinha
flower a flor
flu a gripe
flute a flauta
fly (*verb*) voar
  (*insect*) a mosca
fog o nevoeiro/a nublina (*Braz*)
folk music a música folclórica
food a comida
food poisoning a intoxicação alimentar
football o futebol
for para
  for a week por uma semana
  for me para mim
  what for? para quê?
foreigner o estrangeiro
forest a floresta
forget: I forget esqueço-me
fork o garfo
fortnight a quinzena
fountain pen a caneta de tinta permanente
fourth quarto
fracture a fractura/a fratura (*Braz*)
France a França

free (*no cost*) gratuito
  (*at liberty*) livre
freezer o congelador
French francês
Frenchman o francês
fridge o frigorífico/a geladeria (*Braz*)
friend o amigo
friendly simpático
front: in front em frente
frost a geada
fruit a fruta
fruit juice o sumo de frutas
fry fritar
frying pan a frigideira
full cheio
  I'm full estou cheio!
full board a pensão completa
funnel (*for pouring*) o funil
funny engraçado
furniture a mobília

garage a garagem
garden o jardim
garlic o alho
gas-permeable lenses as lentes
  semi-rígidas
gay (*happy*) feliz
  (*homosexual*) homosexual
gear a caixa de velocidades/
  a marcha (*Braz*)
gear lever a alavanca das mudanças/
  de marcha (*Braz*)
German alemão
Germany a Alemanha
get (*fetch*) ir buscar
  get the train apanhar o comboio/
  trem (*Braz*)
  have you got …? tem …?
get back: we get back tomorrow
  nós regressamos/voltamos (*Braz*) amanhã
  get something back receber algo
  de volta

get in entrar
  (arrive) chegar
get out sair
get up *(rise)* levantar-se
gift o presente
gin o gin
ginger a gengibre
girl a rapariga/a menina *(Braz)*
girlfriend a namorada
give dar
glad contente
  I'm glad eu estou contente
glass o copo
glasses os óculos
gloss prints as fotografias a cores
gloves as luvas
glue a cola
go ir
  when does it go? a que horas parte?
goggles os óculos de proteção
gold o ouro
golf o golfe
golfball a bola de golfe
golf clubs os tacos de golfe
golf course o campo de golfe
good *(adj)* bom
  good! óptimo!/ótimo! *(Braz)*
goodbye adeus
government o governo
granddaughter a neta
grandfather o avô
grandmother a avó
grandson o neto
grapes as uvas
grass a relva/a grama *(Braz)*
Great Britain a Grã-Bretanha
green verde
grey cinzento
grill *(verb)* grelhar
  (noun) a grelha
grocer *(shop)* a mercearia/
  o armazém *(Braz)*
ground floor o rés-do-chão/o térreo *(Braz)*

groundsheet a lona impermeável
guarantee *(noun)* a garantia
  (verb) garantir
guard o guarda
guide book o guia
guitar a viola/o violão *(Braz)*
gun *(rifle)* a espingarda
  (pistol) a pistola

hair os cabelos
haircut o corte de cabelo
hairdresser o cabeleireiro
hairdryer o secador de cabelo
hair spray a laca/o laquê *(Braz)*
half a metade
  half an hour a meia hora
half board a meia pensão
ham o fiambre/
  o presunto *(Braz)*
hamburger o hamburger
hammer o martelo
hand a mão
handbag a carteira/
  a bolsa *(Braz)*
handbrake o travão de mão/
  o freio de mão *(Braz)*
handkerchief o lenço
handle *(door)* a maçaneta
handsome bonito
hangover a ressaca
happy feliz
harbour o porto
hard duro
  (difficult) difícil
hat o chapéu
have ter
  can I have …? pode-me dar …?
  I don't have … não tenho …
  have you got …? tem …?
  I have to go now tenho que
  me ir embora
hay fever a febre dos fenos

he ele
head a cabeça
headache a dor de cabeça
headlights os faróis
healthy saudável
hear ouvir
hearing aid o aparelho auditivo
heart o coração
heart attack o ataque cardíaco
heating o aquecimento
heavy pesado
heel (of shoe) o salto do sapato
  (of body) o calcanhar
hello olá/oi (Braz)
  (to get attention) se faz favor/
  por favor! (Braz)
help (noun) a ajuda
  (verb) ajudar
  help! socorro!
hepatitis hepatite
her: it's for her é para ela
  give it to her dê-o a ela
  her book o livro dela
  her house a casa dela
  her shoes os sapatos dela
  it's hers é dela
here aqui
hi olá
high alto
highway code o código da estrada/
  de trânsito (Braz)
hill o monte/a colina (Braz)
him: it's for him é para ele
  give it to him dê-o a ele
hire alugar
his: his book o livro dele
  his house a casa dele
  his shoes os sapatos dele
  it's his é dele
history a história
hitchhike pedir boleia/pedir carona (Braz)
HIV positive seropositivo/
  HIV positivo (Braz)

hobby o passatempo
hole o buraco
holiday as férias
  (bank holiday etc) o feriado
Holland a Holanda
home a casa
homeopathy a homeopatia
honest honesto
honey o mel
honeymoon a lua de mel
horn (car) a buzina
  (animal) o chifre
horrible horrível
hospital o hospital
hot quente
hot water bottle o saco/a bolsa (Braz)
  de água quente
hour a hora
house a casa
how? como?
humid húmido
hungry: to be hungry ter fome
  I'm hungry tenho fome
hurry: I'm in a hurry estou com pressa
husband o marido

I eu
ice o gelo
ice cream o gelado/o sorvete (Braz)
ice cube o cubo de gelo
ice lolly o gelado/o picolé (Braz)
ice rink o ringue de patinagem/
  pista de gelo (Braz)
ice skates os patins de gelo
if se
ignition a ignição/a ignição (Braz)
ill doente
immediately imediatamente
impossible impossível
India a Índia
Indian indiano
indicator o indicador

indigestion a indigestão
information a informação
inhaler *(for asthma)* o inalador
injection a injecção/a injeção *(Braz)*
injury o ferimento
ink a tinta
inn a estalagem
inner tube a câmara de ar
insect o insecto/o inseto *(Braz)*
insect repellent o repelente de
  insectos/insetos *(Braz)*
insomnia a insónia/a insônia *(Braz)*
insurance o seguro
interesting interessante
internet a internet
interpret interpretar
invitation o convite
Ireland a Irlanda
Irish irlandês
iron *(metal)* o ferro
  (for clothes) o ferro de engomar/
  o ferro de passar roupa *(Braz)*
ironmonger o ferreiro
is: he/she is ele/ela é
  it is … é …
island a ilha
Italian italiano
Italy a Itália
itch *(noun)* a comichão/
  a coceira *(Braz)*
  it itches faz comichão/
  estar com coceira *(Braz)*

jacket o casaco
jacuzzi o jacuzzi
jam a compota
jealous ciumento
jeans as calças de ganga/a calça jeans
  (Braz)
jellyfish a alforreca/a água-viva *(Braz)*
jeweller o joalheiro
job o emprego

jog *(verb)* correr
  go for a jog ir correr
jogging o jogging
joke a brincadeira
journey a viagem
jumper a camisola/o suéter *(Braz)*
just: it's just arrived acabou de chegar
  I've just one left só tenho um

kettle a chaleira
key a chave
kidney o rim
kilo o quilo
kilometre o quilómetro
kitchen a cozinha
knee o joelho
knife a faca
knit tricotar
knitting needle a agulha de tricotar
know: I don't know não sei

label a etiqueta
lace a renda
  (of shoe) o atacador/a cadarço *(Braz)*
lake o lago
lamb o cordeiro
lamp a lâmpada
lampshade o abajur
land *(noun)* a terra
  (verb) aterrar/aterrizar *(Braz)*
language a língua
large grande
last *(final)* último
  last week a semana passada
  last month o mês passado
  at last! enfim!
late: it's getting late
  está-se a fazer tarde/
  esta ficando tarde *(Braz)*
  the bus is late o autocarro/ônibus
  (Braz) está atrasado

laugh rir
laundrette a lavandaria automática
laundry *(place)* a lavandaria/
a lavanderia *(Braz)*
(clothes) a roupa para lavar
laxative o laxativo
lazy preguiçoso
leaf a folha
leaflet a brochura
learn aprender
leather o cabedal/o couro *(Braz)*
left *(not right)* esquerdo
there's nothing left
não sobrou nada
left luggage o depósito de bagagens
(locker) o cacifo/
o armário com chave *(Braz)*
leftovers os restos
leg a perna
lemon o limão
lemonade a limonada
length o comprimento
lens *(camera)* a objectiva/a lente *(Braz)*
(of glasses) a lente
less menos
lesson a lição
letter a carta
letter box o marco/a caixa *(Braz)* do
correio
lettuce a alface
library a biblioteca
life a vida
lift *(in building)* o elevador
give someone a lift
dar boleia/carona *(Braz)* a alguém
light *(not heavy)* leve
(not dark) claro
lighter o isqueiro
lighter fuel o gás butano
light meter o fotómetro
like: I like you gosto de si/você *(Braz)*
I like swimming gosto de nadar
it's like … é como …

lime *(fruit)* a lima
lip salve a pomada para os lábios
lipstick o batom
liqueur o licor
Lisbon Lisboa
list a lista
litre o litro
litter o lixo
little *(small)* pequeno
it's a little big é um pouco grande
just a little só um bocadinho/
pouco *(Braz)*
liver o fígado
lobster a lagosta
locked fechado
lollipop o chupa-chupa/
o pirulito *(Braz)*
long *(film, road)* longo
how long? quanto tempo?
lorry o camião/o caminhão *(Braz)*
lost property a secção/seção *(Braz)* de
perdidos e achados
lot: a lot muitos
loud alto
(colour) berrante
lounge a sala
love *(noun)* o amor
(verb) amar
lover o amante
low baixo
luck a sorte
good luck! boa sorte!
luggage a bagagem
lunch o almoço

magazine a revista
mail o correio
make fazer
make-up a maquilhagem/
a maquilagem *(Braz)*
man o homem
manager o gerente

map o mapa
   (street map) o mapa da cidade
market o mercado/a feira *(Braz)*
marmalade o doce de laranja
married casado
mascara o rímel/a mascara *(Braz)*
mass *(church)* a missa
match *(light)* o fósforo
   (sport) o jogo
material *(cloth)* o tecido
mattress o colchão
maybe talvez
me: it's for me é para mim
   give it to me dê-mo a mim/me dê *(Braz)*
meal a refeição
meat a carne
mechanic o mecânico
medicine o remédio
meeting a reunião
melon o melão
men *(toilet)* homens
menu a ementa/o cardápio *(Braz)*
message o recado
midday o meio-dia
middle o meio
midnight a meia-noite
milk o leite
mine: it's mine é meu
mineral water a água mineral
minute o minuto
mirror o espelho
   (car) o espelho retrovisor
mistake o erro
   make a mistake enganar-se
mobile phone o Telemóvel/o cellular *(Braz)*
modem o modem
money o dinheiro
month o mês
monument o monumento
moped a motorizada/a moto *(Braz)*
more mais
   more or less mais ou menos

morning a manhã
   in the morning de manhã
mother a mãe
motorbike a moto
motorboat o barco a motor
motorway a autoestrada/a rodovia *(Braz)*
mountain a montanha
mouse o rato
moustache o bigode
mouth a boca
move mexer
   (house) mudar-se
   don't move! não se mexa!
movie o filme
mug a caneca
mum a mamã/a mamãe *(Braz)*
museum o museu
music a música
musical instrument o instrumento musical
musician o músico
mussels os mexilhões/os mariscos *(Braz)*
my: my book o meu livro
   my house a minha casa
   my shoes os meus sapatos

nail *(metal)* o prego
   (finger) a unha
nailfile a lima/lixa *(Braz)* de unhas
nail polish o verniz de unhas/o esmalte *(Braz)*
name o nome
napkin o guardanapo
nappy a fralda
narrow estreito
near: near the door perto da porta
   near London perto de Londres
necessary necessário
necklace o colar
need *(verb)* precisar
   I need ... preciso de ...
   there's no need não há necessidade

needle a agulha
negative *(photo)* o negativo
neither:
　neither of them nenhum deles
　neither ... nor ... nem ... nem ...
nephew o sobrinho
never nunca
new novo
news as novidades
　(television) as notícias
newsagent a tabacaria/o jornaleiro *(Braz)*
newspaper o jornal
New Zealand a Nova Zelândia
next próximo
　next week a semana que vem
　next month o mês que vem
　what next? e agora?
nice bonito
niece a sobrinha
night a noite
nightclub a discoteca
nightdress a camisa da noite/
　camisola *(Braz)*
no *(response)* não
　(not any) nenhum
noisy barulhento
north o norte
Northern Ireland a Irlanda do Norte
nose o nariz
nose drops as gotas para o nariz
not não
notebook o bloco de
　apontamentos/caderno *(Braz)*
novel o romance
now agora
nudist o nudista
number o número
　(telephone) o número do telefone
number plate a matrícula/
　a placa *(Braz)*
nurse a enfermeira
nut *(fruit)* a noz
　(for bolt) a porca

occasionally ocasionalmente/de vez
　em quando *(Braz)*
office o escritório
often frequentemente
oil o óleo
ointment a pomada
OK ok
old velho
olive a azeitona
on: on the balcony na varanda
　on the beach na praia
　on top em cima
one um, uma
onion a cebola
open *(verb)* abrir
　(adj) aberto
operator *(phone)* a telefonista
opposite: opposite the hotel
　em frente do hotel
optician o oculista
or ou
orange *(colour)* cor de laranja
　(fruit) a laranja
orange juice o sumo/suco *(Braz)* de
　laranja
orchestra a orquestra
organ o órgão
our nosso
　it's ours é nosso
out: he's out ele saiu
outside lá fora
over por cima
　over there ali
overtake ultrapassar
oyster a ostra

pack of cards o baralho de cartas
package o embrulho
　(parcel) a encomenda
packet o pacote
　packet of cigarettes o maço de cigarros
page a página

pain a dor
pair o par
Pakistan o Paquistão
Pakistani paquistanês
pancake a panqueca
paracetamol o comprimido de paracetamol
paraffin a parafina
parcel o embrulho
pardon? perdão?/como? (*Braz*)
parents os pais
park (*noun*) o parque
　(*verb*) estacionar
parsley a salsa
party (*celebration*) a festa
　(*group*) o grupo
　(*political*) o partido
passenger o passageiro
passport o passaporte
pasta a massa
path o caminho
pavement o passeio
pay pagar
peach o pêssego
peanuts os amendoins
pear a pêra
pearl a pérola
peas as ervilhas
pedestrian o peão/o pedestre (*Braz*)
peg (*clothes*) a mola da roupa/ o pregador de roupa (*Braz*)
pen a caneta
pencil o lápis
pencil sharpener o apara-lápis/ o apontador (*Braz*)
pen friend o correspondente
penknife o canivete
pepper (& *salt*) a pimenta
　(*vegetable*) o pimento/o pimentão (*Braz*)
peppermints os bombons de hortelã pimenta/ a bala de hortelã (*Braz*)
per: per night por noite

perfume o perfume
perhaps talvez
perm a permanente
personal stereo o walkman®
petrol a gasolina
petrol station a bomba de gasolina
petticoat o saiote
phonecard o cartão telefónico
photocopier a fotocopiadora/a máquina de Xérox® (*Braz*)
photograph (*noun*) a fotográfia
　(*verb*) fotografar
photographer o fotógrafo
phrase book o livro de expressões idiomáticas
piano o piano
pickpocket o carteirista/o batedor de carteira (*Braz*)
picnic o piquenique
piece o bocado/o pedaço (*Braz*)
pillow a almofada/o travesseiro (*Braz*)
pillowcase a fronha
pilot o piloto
pin o alfinete
pineapple o ananás/o abacaxi (*Braz*)
pink cor de rosa
pipe (*for smoking*) o cachimbo
　(*for water*) o cano
piston o êmbolo
pizza a pizza
plant a planta
plaster (*for cut*) o adesivo/ o esparadrapo (*Braz*)
plastic o plástico
plastic bag o saco de plástico
plate o prato
platform a plataforma
playground o parque infantil/ o playground (*Braz*)
please por favor
plug (*electrical*) a tomada
　(*sink*) a tampa
pocket o bolso

poison o veneno
police a polícia
police officer o polícia
police station a esquadra da polícia/
  a delegacia de polícia (Braz)
politics a política
poor pobre
  (bad quality) mau
pop music a música pop
pork a carne de porco
port (harbour) o porto
  (drink) o vinho do Porto
porter o porteiro
Portugal Portugal
Portuguese português/portuguesa (m/f)
possible possível
post (noun) o correio
  (verb) por no correio
postbox a caixa postal
postcard o postal ilustrado/
  o cartão postal (Braz)
poster o cartaz
postman o carteiro
post office os correios
potato a batata
poultry as aves
pound (weight) o peso
  (money) a libra
powder o pó
pram o carrinho de bébé/bebê (Braz)
prawn a gamba/o camarão (Braz)
pregnant grávida
prescription a receita
pretty (beautiful) bonito
  (quite) muito
price o preço
priest o padre
private privado
problem o problema
  what's the problem?
  qual é o problema?
public o público
pull puxar

puncture o pneu furado
purple violeta
purse o porta-moedas/o carteira (Braz)
push empurrar
pushchair o carrinho de bébé/bebê
  (Braz)
pyjamas o pijama

quality a qualidade
quay o cais
question a pergunta
queue (noun) a bicha/a fila (Braz)
  (verb) fazer bicha/fila (Braz)
quick rápido
quiet silencioso
quilt o edredão/oedredom (Braz)
quite (fairly) bastante
  (fully) muito

radiator o radiador
radio o rádio
radish o rabanete
railway line o caminho de ferro/
  a estrada de ferro (Braz)
  (track) as linhas férreas/a via férrea
  (Braz)
rain a chuva
raincoat o impermeável/
  a capa de chuva (Braz)
raisin a passa
rare (uncommon) raro
  (steak) mal passado
raspberry a framboesa
rat a ratazana/o rato (Braz)
razor blades as lâminas de barbear
reading lamp o candeeiro/o abajur (Braz)
  (bed) o candeeiro da mesinha de
  cabeceira/o abajur de cabeceira (Braz)
ready pronto
rear lights as luzes de trás
receipt o recibo

receptionist o recepcionista
record *(music)* o disco
  (sporting etc) o recorde
record player o gira-discos/
  o toca-discos *(Braz)*
record shop a discoteca/
  a loja de discos *(Braz)*
red encarnado/vermelho
refreshments *(drink)* as bebidas
  (food) a refeição ligeira/o lanche *(Braz)*
registered letter a carta registada
relax descansar
religion a religião
remember lembrar-se
  I don't remember não me lembro
rent *(verb)* alugar
  (noun) a renda
repeat repetir
reservation a reserva
rest *(remainder)* o resto
  (relax) descansar
restaurant car a carruagem restaurante/
  o vagão-restaurante *(Braz)*
return *(come back)* regressar/voltar *(Braz)*
  (give back) devolver
rich rico
right *(correct)* certo
  (direction) a direita
ring *(to call)* telefonar
  (wedding etc) o anel
ripe maduro
river o rio
road a estrada
rock *(stone)* a rocha
  (music) a música rock
roll *(bread)* a carcaça/o pãozinho *(Braz)*
  (verb) rolar
roller skates os patins
roof o telhado
  (terrace) o terraço
room o quarto
  (space) o espaço
rope a corda

rose a rosa
round *(circular)* redondo
  it's my round agora pago eu
rowing boat o barco a remos
rubber a borracha
rubbish o lixo
ruby *(colour)* a cor de rubi
  (stone) o rubi
rucksack a mochila
rug *(mat)* a carpete
  (blanket) o cobertor
ruins as ruínas
ruler a régua
run *(person)* correr
runway a pista de
  descolagem/decolagem *(Braz)*

sad triste
safe seguro
safety pin o alfinete
sailing boat o barco à vela
sale *(at reduced prices)* os saldos
salmon o salmão
salt o sal
same: the same hat o mesmo chapéu
  the same skirt a mesma saia
  the same again a mesma coisa
sand a areia
sandals as sandálias
sand dunes as dunas
sanitary towels os pensos higiénicos/
  o absorvente *(Braz)*
satellite TV a tv via satélite
sauce o molho
saucepan a panela
sauna a sauna
say dizer
  what did you say? o que é que disse?
  how do you say …? como é
  que se diz …?
Scandinavia a Escandinávia
scarf o lenço

school a escola
scissors a tesoura
Scotland a Escócia
Scottish escocês
screw o parafuso
screwdriver a chave de parafusos/
  fenda (Braz)
sea o mar
seafood os mariscos
seat o lugar
seat belt o cinto de segurança
second segundo
see ver
  I can't see naõ posso/consigo ver (Braz)
  I see estou a ver/vendo (Braz)
sell vender
separate separado
separated separado
septic infectado/inflamado (Braz)
serious sério
serviette o guardanapo
several vários
sew costurar
shampoo o champô/o shampoo (Braz)
shave (verb) fazer a barba
shaver a máquina de barbear
shaving foam a espuma de barbear
shawl o xaile
she ela
sheet o lençol
shell a concha
ship o barco/o navio (Braz)
shirt a camisa
shoelaces os atacadores/o cadarço (Braz)
shoe polish a pomada dos sapatos/
  a graxa de sapato (Braz)
shoes os sapatos
shoe shop a sapataria
shop a loja
shopping as compras
  go shopping ir ás compras
shopping centre o centro comercial/
  o shopping (Braz)

short curto
shorts os calções
shoulder o ombro
shower (bath) o duche/a ducha (Braz)
  (rain) o aguaceiro/a chuva (Braz)
shower cap a touca de banho
shower gel o gel de banho
shutter (camera) o obturador
  (window) o estor/a veneziana (Braz)
sick (ill) doente
  I feel sick estou agoniado/enjoado (Braz)
side (edge) a borda
  I'm on her side eu estou do
  lado dela
sidelights as luzes de presença/
  a luz lateral (Braz)
sights: the sights of … as vistas de …
silk a seda
silver (colour) prateado
  (metal) a prata
simple simples
sing cantar
single (one) único
  (unmarried) solteiro
single room o quarto individual
sister a irmã
skates os patins
skid (verb) patinar/derrapar (Braz)
skin cleanser loção para limpar a pele/
  o leite de limpeza (Braz)
skirt a saia
sky o céu
sleep (noun) o sono
  (verb) dormir
  go to sleep ir dormir
sleeping bag o saco de dormir
sleeping car a carruagem cama/
  o vagão-leito (Braz)
sleeping pill o comprimido para dormir
sling o aparelho de gesso/a tipóia (Braz)
slippers os chinelos
slow lento
small pequeno

smell (*noun*) o cheiro
  (*verb*) cheirar
smile (*noun*) o sorriso
  (*verb*) sorrir
smoke (*noun*) o fumo
  (*verb*) fumar
snack a refeição ligeira/
  o lanche (*Braz*)
snorkel o respirador aquático
snow a neve
so: so good tão bom
soaking solution (*for contact lenses*)
  a solução para as lentes de contacto
soap o sabonete
socks as meias
somebody alguém
somehow de alguma maneira
something alguma coisa
sometimes às vezes
somewhere nalguma parte/
  em algum lugar (*Braz*)
son o filho
song a canção
sorry! desculpe!
south o sul
South Africa a África do Sul
South African sul-africano
souvenir a lembrança
souvenir shops a loja de artigos regionais/
  a loja de lembranças (*Braz*)
spade (*shovel*) a pá
  (*cards*) o naipe de espadas
Spain a Espanha
Spanish espanhol
spanner a chave inglesa
spare parts as peças sobresselentes/
  sobressalentes (*Braz*)
spark plug a vela
speak falar
  do you speak …? fala …?
  I don't speak …
  eu não falo …
speed a velocidade

speed limit o limite de velocidade
speedometer o conta-quilómetros/
  o velocímetro (*Braz*)
spider a aranha
spoon a colher
sprain a distensão
spring (*mechanical*) a mola
  (*season*) a primavera
stadium o estádio
staircase a escada
stairs os degraus
stamp o selo
stapler o agrafador/o grampeador (*Braz*)
star a estrela/o astro (*m/f*)
  (*film*) a estrela de cinema
start a partida
  (*verb*) começar
station a estação
  (*metro*) a estação do metro
statue a estátua
steal roubar
  my bag's been stolen
  roubaram-me a carteira
steamer o barco a vapor
  (*cooking*) a panela de pressão
steering wheel o volante
steward o comissário de bordo
sticky tape a fita adesiva/o Durex® (*Braz*)
sting (*noun*) a picada
  (*verb*) picar
stomach o estômago
stomachache a dor de estômago
stop (*verb*) parar
  (*bus stop*) a paragem de autocarro/
  o ponto de ônibus (*Braz*)
  stop! stop!/pare! (*Braz*)
storm a tempestade
stream (*small river*) o ribeiro/
  o riacho (*Braz*)
street a rua
string (*cord*) o cordel/o barbante (*Braz*)
  (*guitar etc*) a corda
student o estudante

stupid estúpido
suburbs os arredores
sugar o açúcar
suit (noun) o fato/o terno (Braz)
  (verb) ficar bem
  it suits you fica-lhe bem
suitcase a mala
sun o sol
sunbathe tomar banhos de sol
sunburn a queimadura solar
sunglasses os óculos de sol
sunny soalheiro/ensolarado (Braz)
suntan o bronzeado
suntan lotion a loção de bronzear/
  o bronzeador (Braz)
supermarket o supermercado
supplement o suplemento
sure: are you sure? tem a certeza?
surname o apelido/o sobrename (Braz)
sweat (noun) o suor
  (verb) suar
sweatshirt a camisola/a camisa de
  moleton (Braz)
sweet (not sour) doce
  (candy) o rebuçado/a bala (Braz)
swimming costume o fato de banho/
  o calção de banho (man)/
  maiô (woman) (Braz)
swimming pool a piscina
swing o baloiço/o balanço (Braz)
Swiss suiço/a (m/f)
switch o interruptor
Switzerland a Suiça
synagogue a sinagoga

table a mesa
tablet o comprimido
take tomar
take away: to take away para levar
takeoff (noun) a descolagem/
  a decolagem (Braz)
  (verb) descolar/decolar (Braz)

talcum powder o pó talco/o talco (Braz)
talk (noun) a conversa
  (verb) falar
tall alto
tampons os tampões higiénicos
tap a torneira
tapestry a tapeçaria
tea o chá
tea towel o pano de cozinha
telegram o telegrama
telephone (noun) o telefone
  (verb) telefonar
telephone box a cabine telefónica/
  o orelhão (Braz)
telephone call a chamada telefónica/
  telefônica (Braz)
television a televisão
temperature a temperatura
tent a tenda/a barraca (Braz)
tent peg a estaca para prender a tenda
tent pole a vara (mastro) da tenda
than do que
thank (verb) agradecer
  thanks obrigado
  thank you obrigado
that: that bus esse autocarro/
  aquele ônibus (Braz)
  that man esse homem
  that woman essa mulher
  what's that? o que é isso?
  I think that … eu penso que …
their: their room o quarto deles/delas
  their books os livros deles/delas
  it's theirs é deles/delas
them: it's for them é para eles/elas
  give it to them dê-o a eles/elas
then então
there ali
these: these things estas coisas
  these are mine estes são meus
they eles/elas
thick espesso, grosso
thin fino

think pensar
  I think so acho que sim
  I'll think about it vou pensar nisso
third terceiro
thirsty: I'm thirsty tenho sede
this: this bus este autocarro/
    ónibus (Braz)
  this man este homem
  this woman esta mulher
  what's this? o que é isto?
  this is Mr ... este é o Senhor ...
those: those things essas coisas
  those are his esses são dele
throat a garganta
throat pastilles
    as pastilhas para a garganta
through através
thunderstorm a trovoada
ticket o bilhete/a passagem (Braz)
tide a maré
  high tide a maré-alta
  low tide a maré-baixa
tie (noun) a gravata
    (verb) atar
tights a meia-calça
time o tempo
  what's the time? que horas são?
timetable o horário
tin a lata
tin-opener o abre-latas/o abridor de
    latas (Braz)
tip (money) a gorgeta
    (end) a ponta
tired cansado
  I feel tired sinto-me cansado
tissues os lenços de papel
to: to England para Inglaterra
  to the station para a estação
  to the doctor para o médico
toast (bread) a torrada
    (drink) um brinde
tobacco o tabaco
today hoje

together juntos
toilet a casa de banho/o banheiro (Braz)
toilet paper o papel higiénico/
    higiênico (Braz)
tomato juice o sumo/suco (Braz)
    de tomate
tomorrow amanhã
tongue a língua
tonic water a água tónica/tônica (Braz)
tonight esta noite
too (also) também
    (excessive) demasiado
tooth o dente
toothache a dor de dentes
toothbrush a escova de dentes
toothpaste a pasta de dentes
torch a lanterna
tour a excursão
tourist o turista
tourist information office o centro de
    informação turística
towel a toalha
tower a torre
town a cidade
town hall a câmara municipal
toy o brinquedo
toy shop a loja de brinquedos
track suit o fato de treino/
    a roupa de jogging (Braz)
tractor o tractor/o trator (Braz)
tradition a tradição
traffic o trânsito
traffic jam o engarrafamento
traffic lights os semáforos/os sinais
    (Braz)
trailer o reboque
    (van) a rulote/o trailer (Braz)
train o comboio/o trem (Braz)
translate traduzir
transmission a transmissão
travel agency a agência de viagens
traveller's cheque o cheque de viagens
tray a travessa/a bandeja (Braz)

126

tree a árvore
trousers as calças
truck o camião/o caminhão (*Braz*)
try tentar
tunnel o túnel
tweezers a pinça
typewriter a máquina de escrever
tyre o pneu

umbrella o guarda-chuva
uncle o tio
under debaixo de
underground o metro
underpants as cuecas
understand: I don't understand
  não compreendo
underwear a roupa interior/
  de baixo (*Braz*)
university a universidade
unmarried solteiro
until até
unusual pouco vulgar/incomum (*Braz*)
up em cima
  (*upwards*) para cima
urgent urgente
us: it's for us é para nós
use (*noun*) o uso
  (*verb*) usar
  it's no use não vale a pena
useful útil
usual usual, habitual
usually usualmente

vacancy (*room*) vaga/o quarto vogo (*Braz*)
vacuum cleaner o aspirador
vacuum flask o termo/
  a garrafa térmica (*Braz*)
valley o vale
valve a válvula
van a furgoneta/a caminhonete (*Braz*)
vanilla a baunilha

vase o vaso
veal a vitela
vegetables os legumes
vegetarian (*person*) o vegetariano
  (*adj*) vegetariano
vehicle o veículo
very muito
vest a camisola interior/a camiseta (*Braz*)
video tape a videocassete
view a vista
viewfinder o visor
villa a vivenda/a casa de campo (*Braz*)
village a aldeia
vinegar o vinagre
violin o violino
visa o visto
visit (*noun*) a visita
  (*verb*) visitar
visitor a visita
vitamin tablets as vitaminas
voice a voz

waiter o empregado de mesa/o garçom
  (*Braz*)
  waiter!/waitress! se faz favor!/
  por favor! (*Braz*)
waiting room a sala de espera
waitress a empregada de mesa/
  a garçonete (*Braz*)
Wales o País de Gales
walk (*noun*) o passeio
  (*verb*) andar a pé
  go for a walk ir dar um passeio a pé
wall (*inside*) a parede
  (*outside*) o muro
wallet a carteira
war a guerra
wardrobe o guarda-roupa
warm quente
was: I was here last night
  eu estive aqui ontem à noite
washing powder o detergente

washing-up liquid o detergente
  para lavar a loiça/
  o detergente para lavar a louça (*Braz*)
wasp a vespa
watch (*noun*) o relógio
  (*verb*) observar
water a água
waterfall a catarata/a cachoeira (*Braz*)
wave (*noun*) a onda
  (*verb*) acenar
we nós
weather o tempo
Web site a página na internet/
  o web site (*Braz*)
wedding o casamento
week a semana
welcome: you're welcome de nada
wellingtons as botas de borracha
Welsh galês/esa (*m/f*)
were: we were here last year
  nós estivemos aqui o ano passado
west o oeste
wet molhado
what? o quê?
wheel a roda
wheelchair a cadeira de rodas
when? quando?
where? onde?
whether se
which? qual?
white branco
who? quem?
why? porquê?
wide largo
wife a esposa
wind o vento
window a janela
  (*of shop*) a montra/a vitrine (*Braz*)
windscreen o pára-brisas
windscreen wiper o limpa pára-brisas
wine o vinho
wine list a lista dos vinhos
wine merchant o negociante de vinhos

wing a asa
with com
without sem
woman a mulher
women (*toilet*) senhoras
wood a madeira
wool a lã
word a palavra
work (*noun*) o trabalho
  (*verb*) trabalhar
  (*machine etc*) funcionar
worse pior
worst péssimo
wrapping paper o papel de embrulho
wrist o pulso
writing paper o papel de carta
wrong errado
  what's wrong? o que é que se passa?

year o ano
yellow amarelo
yes sim
yesterday ontem
yet: is it ready yet? já está pronto?
  not yet ainda não
you (*sing. familiar*) tu
  (*plural familiar*) vocês
  (*sing. polite*) (*to man*) o Senhor
  (*to woman*) a Senhora
  (*plural polite*) os Senhores/as Senhoras
your (*sing. familiar*) **your book** o teu livro
  is it yours? é teu?
  (*sing. polite*) **your house** a sua casa
  is it yours? é seu?
  (*plural familiar and polite*)
  your house a vossa casa
  is it yours? é vosso?
youth hostel o albergue da juventude

zip o fecho eclair®
zoo o jardim zoológico